바로바로 적용할 수 있는 BLENDED PBL

초등
블렌디드
프로젝트
수업

바로바로 적용할 수 있는 BLENDED PBL

초등 블렌디드 프로젝트 수업

초판 1쇄 발행 2021년 07월 09일

지은이 김은별 · 박오종 · 배현명

발행인 김병주
COO 이기택 **CMO** 임종훈 **뉴비즈팀** 백헌탁, 이문주, 김태선, 백설
행복한연수원 이종균, 박세원, 이보름, 반성현, 남기연, 고요한 **에듀니티교육연구소** 조지연
경영지원 한종선, 박란희 **편집부** 이하영, 신은정, 최진영, 김준섭 **디자인** 정혜미

펴낸 곳 (주)에듀니티
도서문의 070-4342-6110
일원화 구입처 031-407-6368 (주)태양서적
등록 2009년 1월 6일 제300-2011-51호
주소 서울특별시 종로구 인사동5길 29 태화빌딩 9층
출판 이메일 book@eduniety.net
홈페이지 www.eduniety.net
페이스북 www.facebook.com/eduniety
포스트 post.naver.com/eduniety

ISBN 979-11-6425-091-2 (13370)
값은 뒤표지에 있습니다.

문의하기

투고안내

바로바로 적용할 수 있는   BLENDED PBL

초등 블렌디드 프로젝트 수업

김은별·박오종·배현명 지음

에듀니티

아이들은 프로젝트 수업에서 끊임없이 새로운 경험을 합니다. 이러한 경험이 쌓이면서 성장해가지요.
'아이들에게 어떤 새로운 경험을 선물해줘야 할까?'
이런 고민에 빠져 있는 교사들에게 이 책을 권합니다.

_ PBL PLANET 대표 박재찬(달리쌤)

코로나19로 배움의 방식은 바뀌었지만 행복한 교실, 살아 있는 수업을 만들어나가는 힘은 여전히 교사에게서 비롯됨을 확인합니다. 고맙습니다.

_ 대구 세천초등학교 교장 김형대

온라인과 오프라인을 자유롭게 넘나들며 미래 교육을 창의적으로 설계해나간 선생님들의 용기와 실천에 큰 박수를 보냅니다. 이 책은 블렌디드 프로젝트 수업을 고민하는 모든 분에게 멋진 디딤돌이 될 것입니다.

_ 서울교대 영어교육과 교수 노경희

프로젝트 수업과 블렌디드로 교육과정 포장하기

'하브루타, 거꾸로교실 같은 수업을 했으면 좋겠어요'

지금으로부터 약 5년 전 일인데도 여전히 생생하다. 발령 초임지에서 3년 차 때, 공개 수업에 많은 학부모님이 오셨다. 수업이 끝난 후 학교에서는 학부모님들에게 수업 소감을 한마디 적어 교사에게 제출하라고 했다. 많은 학부모님의 격려를 받았지만, 머릿속에서 저 말이 떠나지 않았다. 칭찬을 듬뿍 받아 솟구치던 어깨가 한순간 축 처졌다.

공개 수업이라면 으레 학생 중심으로, 학생 스스로 의미를 구성할 수 있는 수업을 구상하기 마련이다. 나름대로 우리 반의 실태에 맞게 참 열심히 연구하고 준비했는데, 더 필요하다니. 당시 나는 교육적으로 트렌디하지 않아 보인 것이다. 그 후 교육 트렌드를 따라가려고 교육 도서도 읽고, 연수도 다녔지만 매력적이라고 느끼지 못했다.

사실 학생에게 공교육이 가르치고자 하는 것들(교육과정 성취기준)은 별 매력이 없다. 이에 나는 내 수업을 '화려한 포장지에 쌓인 보잘것없는 선물'에 비유하곤 한다. 학생과 학부모님들은 내 수업의 포장지만 보지만, 나는 그 안에 보이지 않는 것을 채워 넣어야 한다. '배움과 삶을 연결하는 교육과정 연구', '학생들이 교과 안에서 도달해야 하는 성취기준과 역량', '그것을 이룰 수 있게 하는 유의미한 과정(활동)', '학생 개개인을 배움에 도달시키는 구체적이고 친절하며 도움이 되는 피드백과 디테일', '다음 배움으로 도약할 수 있는 평가' 같은 것 말이다.

오늘날에는 상황에 맞게 다양한 도구를 활용해서 '블렌디드 수업'까지 해야 한다. 이제는 다행히 그 안에서 학생들은 어떤 활동을 해야 하는지, 학생들의 흥미와 관심사를 어떻게 연결시켜 배움에 이르게 할 것인지 수업과 연결 지을 줄 안다. 그러면 탐탁찮은 선물도 탐나는 것으로 탈바꿈한다. 막 발령받아 마흔 명의 첫 제자들이 다닥다닥 붙어 앉은 교실에서 수업하던 나와, 8년 차인 지금의 나는 같은 것을 고민한다. 바로 학생들의 배움이다. 그걸 '프로젝트 수업'과 '블렌디드'라는 이름으로 포장했을 뿐이다.

부족한 경험을 기록하고, 출판하는 일에는 용기가 필요했다. 발가벗겨진 기분이랄까. 나의 무지함을 세상에 널리 보여주는 기분이지만, 내 수업이 누군가에게는 또 다른 영감으로, 타산지석의 사례로 쓰인다면 영광이겠다.

김은별

새로운 수단과 방법으로 깨어나는 에듀테크 수업

나는 작은 섬마을에 근무하지만, 아이들은 학교에서 벗어난 큰 세상과 함께 커가기를 바란다. 내 바람만큼은 아니더라도, 새로운 것에 도전하면서 부딪히고 넘어지면 어제보다는 더 성장하리라 믿는다. 그리고 나 역시 아이들과 함께 걸으며 조금씩 성장했으리라 생각한다.

오늘, 지금 우리 교실에서 '먼 미래'로만 여겨지던 '미래 교육'이 이뤄지고 있다. 원격 수업이라는 이름으로 학교에 전격 도입된 온라인 학습은 채 1년도 지나지 않아 새로운 일상으로 자리 잡았다. 빈 교실에 앉아 화면으로 아이들을 만나고, 종이 대신에 공유 문서로 학습지를 전달하지만, 수업은 수업이다.

1년 동안 온라인과 오프라인을 오가며 어떤 방법으로 아이들을 만나고 공부해야 할지 고민되는 순간이 많았다. 이전과는 다른 방법으로 수업하는 것이 불편하지만, 새로운 수단과 방법은 또 새로운 영감을 나에게 불어넣었다. 아직 새로운 것에 끌리는 스스로를 보며 '내가 나이는 먹었지만, 덜 늙었구나' 하는 안도와 설렘도 느꼈다.

나는 교실에서든 온라인에서든 현실과 연관된 문제를 아이들 앞에 던지고 싶다. 경험으로 배우며 행동으로 옮길 수 있게끔 말이다. 이것이 바로 프로젝트 수업을 시작한 이유다. 2021년에는 기존에 시도한 프로젝트 수업을 블렌디드 러닝 형태로 바꿔보기도 하고, 시야를 더 넓게 가지려 노력하며 새롭게 블렌디드 수업을 진행해보기도 했다.

앞으로도 학교에서 지켜야 하는 방역 수칙을 생각하면, 2학기부터 시작하는 전면 등교 속에서도 블렌디드 프로젝트 학습은 계속할 의미가 있다. 이제 에듀테크는 단지 원격 수업에서뿐만 아니라 새로운 모둠 활동이자 의사소통의 방법으로 계속 확장해나갈 수 있다.

지나온 길을 돌아보는 까닭은 잘못된 길을 다시 걷지 않기 위해서다. 잘못된 방향으로 가지 않기 위해 기록하고, 수정해나가는 과정에 이 책이 자리한다. 아직 마치지 못한 숙제지만, 이 길을 함께 걷고 싶은 선생님들에게 내 진심이 가닿으면 좋겠다.

박오종

톡톡 튀지 않아도 괜찮은, 일상적인 블렌디드 프로젝트

온·오프를 넘나드는 블렌디드 프로젝트 수업은 내가 잘하고 싶은 수업의 끝판왕이다. 그동안 '블렌디드 프로젝트'라 명명하지 않았을 뿐 컴퓨터실을 부지런히 오가면서 온라인 수업 도구를 적극적으로 활용한 수업을 해왔다. 코로나 덕분에 모든 학생이 동등하게 온라인 공간에 익숙해지면 더 생산적인 결과물을 낼 수 있음을 적극적으로 확인했을 뿐이다. 이 책에서 소개할 '부엉이 상담소'는 적극적인 온·오프 블렌디드 프로젝트로서 의미가 있을 뿐만 아니라 온라인으로도 지속 가능한 관계 맺기의 창의적인 발견이기도 하다.

교사가 되고 일찌감치 영어 교과에 관심을 두었다. 소위 초등 영어 수업의 만능 치트키로 불리는 제시-연습-표현의 'PPP 수업모형'이 익숙해질 즈음, 놀이 중심의 초등 영어 수업에 점점 싫증을 느꼈다. 같은 일 반복에 가장 자신 없는 나는, 더 좋은 수업을 하고 싶다는 바람에 관심사를 넓혀갔다. 세계 여러 나라의 문화에 관심이 많던 20대에는 호주 초등 교사와 힘을 합쳐 '국민 동요 바꿔 부르기 배틀'이라 다소 살벌하게 이름 지은 교류 수업을 시도했다. 매일매일 새로운 도전으로 가득한 수업, 자발적인 참여를 불러일으키는 수업, 창의적으로 서로 다른 결과물을 공유하는 수업은 신대륙의 발견과 같았다. 하고 싶고, 발전시킬 것들이 무궁무진한 미지 세계의 탐험이었다.

창의적이고 새로운 시도를 좋아하는 내게 프로젝트 수업은 찰떡궁합이었다. 주어진 교육과정을 요리조리 쪼개고 붙여 다양한 재료로 던져주면 아이들은 자신의 입맛에 맞게 근사하게 요리해냈다. 지금도 프로젝트 수업에 대한 아이디어가 번쩍하고 떠오를 때면 두근두근 가슴이 뛴다. 긴 프로젝트 실행 과정 중 이런저런 난관에 부딪히면, 이런 고생을 왜 사서 하나 후회하다가도, 곧 새로운 프로젝트 수업에 도전하고 싶어 몸이 근질거린다.

수업에서 가슴이 뛴다는 것은 큰 축복이다. 나는 일상적으로 훌륭한 수업을 척척 해내는 뛰어난 교사가 아니기에, 느리고 담담하게 이뤄낸 '부엉이 상담소' 프로젝트의 가슴 뛰는 추억이 더없이 소중하다. 교직 생활 중 가장 어려웠던 2020년 한 해를 가장 큰 축복으로 만들어준 이야기를 나눌 수 있어 무척 감사하다.

배현영

차례

1부

블렌디드
프로젝트 교실로
초대합니다

꼭 한 번은 도전해봐야 할 블렌디드 프로젝트 수업 김은별

2020년, 코로나가 터지고 울며 겨자 먹기로 온라인 수업이 시작됐다. 우리 학교는 '실시간 쌍방향 수업'을 했는데, 등교 수업의 차선책으로 '온라인 수업'을 하는 모습은 그야말로 가관이었다. 나도 학생들도 마찬가지였다. 우리 반 학생들은 곧 중학교에 가는데, 걱정이었다. 내년에도 이러면 어떡하지? 선생님이 대충 수업하지 않는다는 사실을 아이들에게 보여주고 싶었다. 아이들과 함께 대충 살지 않은 한 해, '열심히 살았던 나'를 기억하기 위해 수업용 컴퓨터에 처음 시도해본 방식의 수업을 기록했다.

매스컴에서는 학력을 언급하며 학교와 교사를 쥐 잡듯이 잡았지만, 그건 사실이 아니었다. 모두가 처음이지만, 고군분투했다. 교사로서 스스로 아이들에게 당당하기 위해 채찍질해댔다. 처음 해보는 방식의 수업에 익숙한 척하느라 몸도 마음도 힘든 한 해였다. 매일이 공개 수업 같았다. 이 노력을 우리 반 아이들과 함께한 지 1년에 다다를 무렵, 출판사에서 '블렌디드 수업' 원고를 모집한다는 소식을 들었다.

줌으로 만나 어색하던 첫 프로젝트 수업부터 내가 '쿵' 하면 아이들이 '짝' 해버리던 마지막 프로젝트 수업까지. 기록을 훑어 글로 엮었다. 아이들에게도 이렇게 말했다.

"애들아, 우리가 시도한 수업의 기록들을 선생님이 엮어서 책으로 만들려고! 다 너네들이 한 일이야. 곧 우리의 경험이 첫 기록이 되고,

역사가 될 거야!"

드디어 아이들과의 약속이 현실이 됐다.

프로젝트 수업은 모양과 정의가 참 다양하다. 프로젝트 수업을 연구한 사람, 프로젝트 수업을 기획하고 해본 사람에 따라 다양한 방법과 다른 과정으로 이루어진다. 이 프로젝트 수업들의 공통점은 학생이 즐거워하고 오래 기억하며, 스스로 의미를 만들어내고, 배움에 능동적이라는 것이다.

다른 수업보다 교사의 준비와 안내가 많이 필요할 수도 있고, 개개인에게 피드백 해주다 보면 '몸이 여러 개면 좋겠다'는 생각도 든다. 고학년은 한두 번만 프로젝트 수업을 하면 이후 수업이 원활하게 이뤄지기도 하지만, 저학년은 더욱 세심하고 많은 도움이 필요할 수도 있다. 프로젝트 수업이란 무엇인지부터 이해시켜야 할 때도 있고 말이다. 그 고된 과정에도 돌이켜보면 힘듦보다 '또 하고 싶다!'라는 마음이 드는 이유는 무엇일까?

프로젝트 수업을 하다 보면 끝까지 산출물을 만들어내지 못하는 학생들도 있다. 사실 초등학생 수준의 프로젝트 수업 산출물은 큰 능력이나 기술이 필요하지 않은데 말이다. 하지만 그렇다고 그 친구들이 프로젝트 수업에서 아무것도 얻지 못하는 것은 아니다. 뒤에 소개될 프로젝트 수업 중 처음 등장할 '플립북 아카데미 어워즈' 시, 산출물을 완성하지 못한 친구들도 다른 친구들의 산출물을 평가하면서 많은 것을 느낀 듯했다. 최종 마무리 성찰지에 '나도 해냈다면 어땠을까' 하는 반성과 아쉬움과 함께 다음에는 열심히 참여하고 싶다는 다짐의 말도 담겨 있었다. 그 다짐을 지키려는 듯 이어지는 프로젝트 수업에서는 전보다 훨씬 성의 있게, 열심히 참여하는 모습을 보여 줬다. 이 학생은 친구들과 함께 '독도 사랑 영상 만들기'란 프로젝트 수업 후 결과물을 유튜브에 올리기도 했다. 이 동영상은 현재까지 63만 뷰에 달하는 조회 수를 기록했다.

독도 사랑 영상 만들기

만약 평소 수업처럼 과제를 교사에게 제출하고 평가받는 식이었다면 어땠을까? 미제출자들이 반성의 기회를 충분히 얻기는 힘들었을 것이다.

'다른 학생들은 어떻게 완성했을까?'

'이 친구는 진짜 재미있고 실감나게 잘했네!'

다른 친구들의 과제를 보면서 이렇게 느꼈기 때문에 다른 프로젝트에 열심히 참여할 수 있지 않았을까 싶다. 최종 성찰지에도 그렇게 쓴 학생들이 많았다.

이런 것이 바로 산출물을 상호 공유하고 평가하는 힘이 아닐까 싶다. 학생 스스로 성찰하고 다음 프로젝트에 느낀 바를 투영한다면 그것만큼 좋은 배움이 있을까? 만약 개인 과제이기만 했다면 혼날 때만 바짝 정신을 차렸을 것이다. '끈기'를 배우는 프로젝트 속에서 다른 친구들의 '끈기'로 이루어진 작품을 보며 '끈기' 있게 참여하지 못한 자기 자신을 돌아보는 것도 '끈기'를 배울 수 있는 또 다른 방법이라고 생각한다.

덧붙여 블렌디드로 프로젝트 수업을 하다 보면 '실시간 쌍방향 수업'을 피할 수 없다. 얼굴이 노출되고, 줌으로 발표하고 녹화하는 수업도 많아진다. 사진을 찍어 올리는 수업 활동도 마찬가지다. 그런데 결과물을 학급 친구들과 공유해야 할 때만 되면 걱정이 생긴다.

'혹시 우리 반 까불이가 친구들 사진을 아무 데나 올리면 어떡하지?'

다양한 미술 작품을 살펴보기 위해 구글의 '아트앤컬처' 앱으로 작품 패러디 사진을 찍을 때였다. 우리 반은 고흐의 자화상 스타일로 셀카 찍기 체험을 해봤는데, 고민된다면 이런 경우는 체험 선에서 끝내고 결과물을 굳이 공유하지 않아도 될 듯하다. 하지만 학생들이 브이로그(vlog)로 찍어서 공유하는 프로젝트 수업을 한다면, 꼭 물어보자.

"애들아, 혹시 브이로그 관련해서 걱정되는 일이 있니?"

"제가 나온 동영상이나 사진을 웃기게 캡처해서 다른 애들이 놀릴 거 같아요."

"예전에 친구가 저 모르게 제 사진을 찍어서 웃기게 찍고 놀린 적이 있어요."

"친구들이 영상에 나온 모습만 보고 저를 판단할까봐 부담스러워서 올리기 싫어요."

나는 학생들의 걱정에 또다시 물었다.

"그럼 어떻게 하면 좋겠니?"

그러자 아이들은 조목조목 원하는 바를 말했다.

"부담스러운 사람은 얼굴을 드러내지 말고, 시점을 자기 자신으로 해서 브이로그를 찍게 해줘요."

"얼굴을 드러내서 찍은 사람들의 것은 함부로 배포하지 않도록 해요. 그건 초상권 침해예요."

교사의 우려는 학생들의 걱정과 맞닿아 있다. 교사 혼자 해결하려 하지 말고, 학생들에게 물어보면서 함께 답을 찾아가는 편이 좋다. 수업에 들어가기 전에 미리 기분 나쁜 일이 일어나지 않도록 약속하면 걱정거리를 공개적으로 드러내 쉽게 예방하는 효과가 있다. 가이드라인을 함께 만들었기 때문에 학생들도 멋대로 어기거나 해서 얼굴 찌푸릴 일을 만들지 않는다.

가이드라인 만들기가 꼭 고학년만 가능한 것은 아니다. 2021년, 3학년 수업에서도 학생들과 함께 불편한 점을 개선하기 위한 온라인 수업 규칙을 만들었다. 먼저 등교한 날, 모든 학생의 '온라인 수업 불편사항'을 포스트잇에 받고 비슷한 내용끼리 모았다. 이어서 포스트잇에 적힌 내용을 가지고 각자 불편한 점을 이야기했다.

> 마이크를 모두 켜놓아서 선생님 말씀이 잘 들리지 않아요.

> 채팅을 함부로 써서 집중이 잘 안 돼요.

> 패들렛에 친구들이 댓글을 함부로 써서 마음이 아파요.

> 선생님이 말씀하시거나 친구들이 발표할 때 자꾸 끼어들어요.

> 화면 공유할 때 장난스럽게 낙서해요.

> 공부할 때 모두 화면을 켜놓으면 좋겠어요.

> 수업 시간에 집 안의 다른 사람과 이야기하는 사람이 있어요.

그다음으로 문제를 어떻게 해결하면 좋겠는지 이야기를 나눴다. 마침내 우리 반 '온라인 수업 규칙'이 만들어졌다. 아이들과 함께 만든 온라인 수업 규칙을 예쁘게 디자인해서 우리 반 학급 밴드에 올렸다. 학생들과 어떻게 함께 규칙을 만들었는지도 설명했다. 그전부터 학급 밴드에 자주 '학급일지'를 올리면서 소통하던 터라, 학부모님들은 '우리 반 온라인 수업 실태'를 익히 잘 알고 있었고, 우리 반 아이들이 만든

온라인 수업 규칙

규칙 1 발표할 때만 음소거 해제하기

규칙 2 끼어들어서 말하지 않기

규칙 3 이름 먼저 쓰고 댓글 쓰기

(충고나 도움이 돼서 하는 말도 상대방을 생각해서 조심스럽게 쓰기)

규칙 4 칭찬할 점을 찾아 댓글 쓰기

규칙 5 채팅창이나 낙서하지 않기

화면 공유에

규칙 6 화면은 쉬는 시간에만 끄기

규칙 7 수업 시간에 부모님과 대화하지 않기

(궁금한 점이나 모르는 것은 부모님이 아닌 선생님께 도움 받기)

규칙 8 안 되는 것이 있을 때는 채팅창에 비공개로 적기(말X)

규칙을 지키기 위해 함께 노력했다. 특히 규칙 7은 학생뿐만 아니라 학부모님의 협조도 필요한 일이었다. 그 후 우리 반 온라인 수업은 눈에 띄게 달라졌고, 수업을 본 다른 선생님들도 칭찬 일색이었다.

마지막으로, 블렌디드 프로젝트 수업을 하다 보면 우리 반이 아닌 다른 청중에게도 산출물을 공유할 일이 많다. 불특정 다수에게 공유하는 결과물에는 '내가 직접 만든, 나만의 작품'이라는 보증이 필요하다. 교사뿐만 아니라 학생들의 작품 또한 그러하다. 간단히 만든 프레젠테이션이라 해도 마찬가지다. 글보다 그림이나 영상 작품이 주를 이루는 프레젠테이션 안에 학생이 촬영한 사진이나 창작해낸 그림 자료만 사용할 수도 없는 노릇이다.

'저작권' 개념을 학생들에게 일일이 알려줄 수도 있지만 저학년의 학생들은 '저작권'이라는 개념 자체를 어려워하기도 한다. 따라서 '저 작권'을 침해하지 않고서 이용할 방법을 알려주는 게 가장 빠른 방법 이다.

첫째, '구글 프레젠테이션'에서 구글 내 검색을 활용해보자.

이 방법을 활용하면 저작권을 침해하지 않는 사진이나 그림 자료를 쉽게 검색할 수 있을 뿐만 아니라 프리젠테이션 안에도 손쉽게 넣을 수 있다. 그림을 내려받거나 저장하는데 어려움을 겪는 저학년 학생들 도 따라 하기 쉽다.

둘째, 저작권 없는 창작물을 이용하는 사이트를 알려주는 것이다. 저작권 없는 이미지를 얻을 수 있는 픽사베이(www.pixabay.com/)나 저작 권 없는 음악을 다운로드할 수 있는 자멘도(www.jamendo.com/) 혹은 유 튜브 스튜디오의 오디오 보관함과 같은 사이트를 말이다. 때로는 영어 로 이용해야 하고, 계정 가입이 필요하지만 '구글 계정'만 있다면 편하 게 가입해서 이용할 만하다. 고학년의 학생들은 저학년 학생들보다 더 능수능란하게 온라인 도구를 다루는 만큼 한 번만 알려주면 잘한다. 한글로 이용할 수 있는 무료 디자인 사이트를 알려주는 것도 좋은 방 법이다. 예를 들어, '미리캔버스' 같은 곳 말이다.

새로운 앱도 잘 모르고, 사용법도 어렵다면 주변의 능력 있는 선생 님들에게 물어보자.

"이런 상황에서는 어떤 걸 사용하면 좋을까요?"

유튜브에서 고수들의 힘을 빌리는 방법도 추천한다. 우리는 교육 전 문가지, 기기나 프로그램 전문가는 아니니까 말이다.

블렌디드 프로젝트 수업을 하다 보면 알게 되는 앱도 많지만, 그렇다고 해서 모두 사용하는 것은 아니다. 개인적으로는 '학생들이 손쉽게 사용할 수 있는 하나의 툴'을 다양하게 활용하는 방안을 생각하는 게 좋은 것 같다. 요새는 화상통화 프로그램인 줌(zoom)을 다양하게 활용할 방법을 모색하고 있다.

모든 걸 다 잘하는 선생님일 필요는 없다. 학생들은 생각보다 너그럽다. '함께 배우는 선생님'을 기다려주고, 그 노력에 고마워할 줄 아니까 말이다. 그런 의미에서 우리 반이 참 고맙다.

"애들아, 고마워! 다 너희 덕분이야."

에듀테크, 그 이상의 블렌디드 수업을 위해 박오종

2021년 가을, 학습연구년으로 한창 이곳저곳의 포럼 참석과 연수, 컨설팅으로 바쁜 와중에 에듀니티로부터 연락을 받았다. 에듀니티와는 프로젝트 학습과 영상 제작을 주제로 《우리 반 아이들은 크리에이터》(2019)를 출간한 인연이 있었다. 블렌디드 러닝을 주제로 사례집을 기획하는 중에 이전 책과 함께 나를 떠올린 것 같았다. 마침 프로젝트 학습으로 블렌디드 러닝을 어떻게 해야 할지 고민하던 차에 경험을 토대로 고민과 함께 수업을 나누는 차원에서 참여하게 됐다.

원격 수업 시작 이후, 많은 선생님이 에듀테크에 관심이 생긴 듯하다. 하지만 처음에만 반짝 익혀서는 에듀테크를 내 것으로 만들 수 없다. 뭐든지 직접 써보고, 잊기 전에 반복, 또 반복해야 내 것이 된다. 개인적으로 차를 무척 좋아하는데, 출시된 지 30년도 넘은 차가 반짝이는 광택을 자랑하며 클래식한 자태로 도로를 달리는 모습에는 감동을 넘어 존경심마저 느껴진다. 차에 들인 주인의 정성이 짐작가기 때문이다. 오래된 차가 잘 달리려면 속부터 자주 닦고, 조이고, 기름 쳐야 한다.

종종 에듀테크 관련 연수도 진행하는데, 같은 연수를 여러 번 반복해서 듣는 사람도 종종 눈에 띈다. 복습하기 위해, 혹은 업데이트를 위해 다시 연수를 듣는 사람들이다. 모든 것이 그렇지만, 에듀테크도 온전한 내 것이 돼야 사용에 거리낌이 없어진다. 에듀테크를 온전히 내 것으로 만들면, 다양하게 활용할 수도 있다. 김치를 예로 들어보겠다. 김치는 참 매력적인 음식이다. 김치 자체의 종류도 다양한데, 배추김치 하나만 가지고도 국, 찌개, 전, 볶음, 찜 등 다양한 음식이 가능하다. 만약 구글 설문지를 온전히 내 것으로 만들었다면, 구글 설문지도 이렇게 다양하게 요리할 수 있다.

구글 설문지는 애초에 온라인 설문조사를 목적으로 만들어졌지만, 학교에서는 객관식 평가에 쓰이는 온라인 도구이기도 하다. 온라인 출석부 또는 학생회 투표 방법으로도 사용된다. 심지어 문제의 정답을 모두 맞혀야 설문이 종료되는 온라인 방 탈출 도구로도 쓰인다. 에듀테크에 대한 이해도를 높이면, 깊이를 더하고 변형해서 새로운 쓰임을 만들 수 있다.

연수를 다니다 보면 아이들이 온라인에서 반응을 보이지 않아서 속상하다는 이야기도 자주 듣는다. 연수를 진행하는 입장에서는 선생님들의 얌전한 반응에 머쓱할 때도 있는데 말이다. 역지사지가 안 되는 셈이다. 그렇지만 수업에 에듀테크를 도입할 때 학생의 입장이 돼보지 않으면 난감한 일이 생길 수 있다. 나는 커다란 모니터를 듀얼로 사용하지만 아이들은 작은 스마트폰만 가지고 있을 수도 있다. 나는 키보드에 마우스까지 쓰지만 학생은 손가락 하나로만 조작하는 상황일 수도 있다. 윈도우와 크롬에서 잘 돌아가더라도 모바일 환경에서 어떤 모습인지 미리 확인해봐야 한다.

나도 최근에 이 때문에 당혹스러운 경험을 했다. 온라인에서 신문 만들기 중이었다. 아이들은 사진 두 장을 나란히 배치하고 싶은데, 작은 태블릿에서는 터치만으로 편집하려니 편치 않은 듯했다. 이에 공유된 문서를 컴퓨터에서 열어 같이 전자 칠판을 보며 편집했는데, 편집을 마친 상황에서도 태블릿에는 다른 모양으로 보여서 서로 뜨악하게 바라봤다. 또 한 번은 가족 중 한 명이 코로나19 검사를 받아 교실 출석이 불가능한 아이를 클래스룸에 접속시켜야 했는데, 개인별 태블릿을 쓰는 학교에서는 아무 문제가 없었으나 가정에서 접속하니 처음부터 모든 과정을 다시 알려줘야 했다. 말로는 도저히 설명되지 않아 영상통화로 직접 화면을 보여주면서 설명했다.

솔직히 교사가 모든 에듀테크 플랫폼과 앱을 알 수도 없고, 알 필요도 없다. 나도 처음에는 여기서 뿅, 저기서 뿅 하고 나타나는 에듀테크 플랫폼과 앱에 현혹되곤 했다. 카훗, 팅커벨, 퀴즈앤, 멘티미터, 페들렛, 비캔버스 등등. 굉장히 많은 에듀테크 플랫폼과 앱을 사용했다. 지금도 몇몇은 아주 잘 사용하고 있지만, 돌아보니 진짜 중요한 것은 얼마나 많은 앱을 알고, 쓰느냐가 아니었다.

수업에 매번 새로운 에듀테크를 적용하면 나도 힘들고 아이들도 어려워한다. 수업 과정별로, 종류별로 자신이 주로 활용하는 에듀테크를 선별해서 1차시에 세 가지 이상 사용하지 않는 게 어떨까? 마치 급식처럼 말이다. 급식을 먹는다는 것은 참 행복한 일이다. 군대에서도 먹었으니 내 인생의 점심밥에 급식의 비중은 가히 절대적이다. 급식은 화려하지 않다. 언제나 1밥 3찬 1국을 기본으로 친숙하면서도 지루하지 않은 절제를 보여준다.

에듀테크도 마찬가지이다. 아이들이 온라인에서 이곳저곳 떠돌다가 잘 모르는 에듀테크 때문에 수업에서 길 잃고 헤매지 않았으면 좋겠다. 가급적이면 도입, 전개, 정리 등 단계별 또는 개인별 의견 수렴, 협업 도구, 창작 도구를 정해서 운영하자. 아이들도 수업 흐름을 파악하기가 수월해지고, 도구도 더 익숙하게 잘 다룰 테니. 그렇게 되면 수업의 본질적 목표에 더 잘 도달할 수 있다.

수업의 본질적 목표는 학생이 '교사가 목표한 배움'을 경험하는 것이다. 에듀테크는 이것을 위한 수단일 뿐이다. 그런데 수업하다 보면 가끔이 목표를 잃어버리곤 한다. 화려한 에듀테크에 홀려 길을 잃어버리는 셈이다. 원격 수업에서 더 많이 상호작용하고, 의사소통하려고 에듀테크를 쓰는 것인데 자칫 하면 에듀테크를 활용하려고 수업하는 상황이 돼버린다. 수업보다 에듀테크를 설명하는 시간이 길어지고, 배움이 아니라 에듀테크만 경험하고 수업이 끝나버린다.

물론 시행착오를 줄이려면 세심한 준비가 필요하다. 사전에 접속 주소를 만들어놓아 기존 학급 소통 방법으로 링크를 전달하자. 앱 같은 것은 숙제로 미리 설치할 수 있게 해야 한다. 학교에서 한꺼번에 설치하면 환경에 따라 시간이 더 걸린다. 앱스토어에는 있는 앱이 플레이스토어에는 없기도 하고, 그 반대의 경우도 있다. 같은 에듀테크도 앱 버전과 웹 버전 모양이 판이하게 달라 생소하게 느껴지기도 한다.

"선생님, 안 돼요."

여기저기서 이런 소리가 터져 나오며 웅성대기 시작하면 누구나 머릿속이 하얗게 날아가버릴 것이다. 교사의 경험과 지식의 한계를 넘는, 상상치 못한 상황은 언제나 발생할 수 있지만, 에듀테크는 역할은 어디까지나 수업 보조지 목적이 아니다. 블렌디드 수업을 할 때 절대로 잊지 말아야 할 사실이다.

2021년 2학기부터는 전면 등교를 한다고 한다. 에듀테크가 전면 등교 상황에서는 필요 없을까? 처음 원격 수업이 시작됐을 때, 비슷한 질문을 받았다. 그때도 지금도 답은 같다. 온라인에서 이뤄지는 상호작용에는 그 나름의 장점이 있다. 필요에 따라 계속 사용돼야 한다. 블렌디드 러닝은 단지 대면 수업의 대안이 아니다. 학습의 새로운 형태다. 앞으로도 지속적으로 발전하며 새로운 수업의 길을 열어줄 것이라 기대해본다.

모니터 안팎으로 촘촘히 관계 맺기 배현명

좋은 관계 맺기의 제1 법칙은 충분한 시간을 함께 보내는 것이다. 그런데 2020년에는 코로나19 때문에 너무나 당연하게 여기던 교실 속 필요충분의 시간을 통째로 빼앗겼다. 아이들에게 활짝 웃으며 듬뿍 칭찬해줄 시간, 모르는 것은 방과 후에 남겨서라도 일대일로 지도해줄 시간, 쉬는 시간에 어떤 친구들과 어울리며 무슨 놀이를 즐기는지 관찰할 시간…. 학교에만 오면 당연히 가능하던 이 모든 관계의 순간이 온라인 속에 잠겨버렸다.

형형색색의 봄꽃이 절정으로 핀 3월의 끝자락, 한 달이나 지나도 소통의 목마름은 채워지지 않았다. 아이들은 마치 모래알처럼 흩어져 가정에 갇혀 있다가, 학교에 오면 묵묵히 주어진 일을 하다 갈 뿐이었다. 서로서로 서먹서먹하다 보니 쉬는 시간에도 온전히 교사만 바라봤다. 도대체 학교를 무슨 재미로 올까 안타까웠다. 학부모님들이 계속된 온라인 수업과 자녀 돌봄으로 지쳐가는 것은 당연한 일이었다. 학교 교육이 코로나 앞에서 얼마나 무기력한지를 논하는 뉴스를 볼 때면 마음이 무너지는 느낌이었다.

4월이 되도록 지지부진한 소통이 이어졌다. 틈만 나면 전화기를 붙잡고 아이들과 통화했지만, 선생님과의 전화 통화에 익숙하지 않은 아이들은 짧은 답변으로 반응하기 일쑤였다. 수업 게시판에 올라온 과제를 일일이 확인하고 답글을 달아주면 오후 시간이 훌쩍 지나 있었다.

하지만 정작 내 답글을 아이들이 확인하는지도 의문이었다. 실시간 화상 수업만으로는 어떻게 학습을 소화하고 있는지 가늠하기 어려웠다. 교실이라면 조용히 참여하는 학생도 전반적인 수행 과정을 관찰하면서 이해도를 확인할 텐데, 온라인 수업에서는 정지된 화면처럼 막연히 나를 응시할 뿐이었다. 온라인 학습이 익숙해지기 전까지는 학부모님의 적극적인 도움이 절실했다. 그렇지만 학부모님들도 돌봄과 학습 지도의 부담이 가중된 현실에 너무나 막막하고 난감할 터였다.

아슬아슬하게 줄타기하던 학부모님과의 소통에 물꼬를 튼 건 다름 아닌 편지 한 통이었다. 정확히 4월 17일, 교실에 늦게까지 남아서 썼다 지웠다 반복하며 장문의 편지를 썼다. 집에서 학교 수업을 받아야 하는 학생과 학부모님의 어려움을 공감하고, 효율적인 온라인 학습을

코로나가 가져온 변화로 모두가 고민이 많습니다. 하지만 한편, 제게는 이 어려움이 교사로서 성장의 기회이며, 아이들에게는 스스로 미래의 주인이 되는 전환점이 될 수 있으리라 생각합니다. 학부모님들께서 함께 응원 보내주시면 좋겠습니다. 지금까지 어려운 상황에서도 저희 반 아이들이 잘 따라올 수 있던 것은, 모두 학부모님들 덕분입니다. 귀한 시간과 수고를 보태 아이들의 온라인 학습을 도와주시고, 때론 화를 한번 참아주시고, 한번 너그러이 아이들에게 웃어주셨던 덕분입니다.

미래는 변하지만, 인간의 마음은 영원불변 같은 것을 원하는 것 같습니다. 서로 아끼고 사랑하고 돕는 마음으로 현재를 함께 이겨나가고 발전시키기를 소망합니다. 끝까지 최선을 다하겠습니다.

배현명 올림

위한 우리 반 온라인 수업 계획과 방법을 안내했다. 또 점차 플립러닝의 장점을 적극적으로 활용하는 수업을 설계해서 적용하겠다고 거창한 비전도 공유했다. 무엇보다 가장 힘주어 하고 싶은 말을 편지 마지막에 푸른색 펜으로 꾹꾹 눌러 썼다.

다시 읽어보니 지금은 너무나 비장하게 느껴져 다소 민망할 정도지만, 절박하던 그 순간의 고민과 진심이 아직도 생생히 기억난다. 진심이 통해서였을까. 편지를 게시한 이후로는 학부모님과의 소통이 한층 부드러워진 느낌을 받았다. 코로나 이전에는 교실에서 아이들과 쌓아나가는 신뢰만으로도 학부모님의 신뢰를 얻을 수 있었지만, 온라인 수업에서는 상당 부분 학부모님의 협조에 의존하는 만큼 학부모님과의 직접적인 신뢰를 쌓는 것도 중요하다는 것을 알게 됐다. 진심을 통하게 마련이고, 마음이 통하는 순간 새로운 교실 속 관계 맺기 프로젝트의 문이 활짝 열렸다.

잘해보겠다고 공언했으니 뭔가 보여줄 차례였다. 오랫동안 아이들에게 추억이 될 수 있는 특별한 프로젝트 수업을 고민하다가 '부엉이 상담소'를 기획했다. '부엉이 상담소'는 온 책 읽고 한 책 쓰기를 목표로 한 장기 블렌디드 프로젝트다. 2부에서 상세히 소개하겠지만 열 권의 책을 읽고, 열 번의 편지를 주고받으며, 한 권의 책을 출판해낸 독창적인 소통 프로젝트이기도 하다.

'부엉이 상담소'는 온 책 읽기로 시작한다. 아이들의 마음에 온기를 불어넣고 싶다는 희망으로, 함께 읽을 첫 책은 무조건 따뜻하고 감동적인 것으로 골랐다. 이가을 작가님의 단편 동화 모음집 중 〈벽시계가 있는 집〉이었다. 〈벽시계가 있는 집〉은 사업이 부도가 나면서 아빠는

본의 아니게 감옥살이하고, 여섯 가족은 평수 넓은 집에서 쫓겨나 변두리 작은 집으로 이사할 수밖에 없는 이야기다. 구글 미트에서 만난 아이들은 숨죽여 이야기를 읽었다.

"아, 너무 불쌍해."

누군가 내뱉은 혼잣말이, 낭독이 끝나고도 한참 동안 이어진 정적을 깼다. 다음 날 온라인으로 편지가 한 통 날아왔다. 주인공 아빠가 부엉이 상담소로 보낸 편지였다. 제법 긴 편지의 끝은 이랬다.

> 여러분, 저는 꼭 어려움을 딛고 일어나겠습니다. 떳떳한 아버지가 되기 위해 최선을 다할 것입니다. 그러나 지금으로선 괴로운 마음이 앞서 아무것도 할 수가 없습니다. 지혜로운 부엉이 상담소 친구들이 제 딸의 입장이 되어 조언을 담은 편지를 적어준다면 저는 다시금 꿋꿋이 일어날 힘을 얻을 수 있을 것 같습니다.
>
> 어려운 부탁을 해서 미안한 마음입니다.
>
> 답장을 기다리며, 승미 아빠가

부엉이 상담소에 첫 편지를 공개한 뒤 아이들이 쓸 답장이 너무나 궁금했다. 첫 시작이니 무엇을 써오든 잘했다고 듬뿍 칭찬할 생각이었지만 "힘내요", "좋은 날이 올 거예요" 정도만 써오면 어쩐지 실망스러울 것 같았다. 하지만 학생들은 저마다 지혜를 모으고 최선의 위로를 담아 정성껏 편지를 써왔다. 물론 짧은 응원의 메시지만 보낸 친구도, 무슨 말을 적어야 할지 모르겠다며 끝내 답장하지 못한 아이도 있다. 그렇지만 공감의 문턱을 넘으려 고민한 시간은 프로젝트의 중요한 시작점이었다.

제가 아저씨의 편지를 읽고 가족들과 승미의 마음이 어땠을까, 얼마나 힘들었을까 생각해보았어요. 아저씨가 승미를 생각하는 마음을 모두 표현할 수는 없겠지만, 승미에게 편지와 그림을 써보면 어떨까요? 매일매일 승미에게 해주고 싶은 것들, 예전에 같이 했던 일들이나 감옥에서 나와서 함께 하고 싶은 것들을 그림이나 편지로 표현하면 승미의 얼었던 마음이 따뜻해지지 않을까요. 아저씨, 예전의 마음 잊지 말고, 포기하지 말고, 꼭 이겨내세요.

우리 반은 온·오프라인을 넘나드는 온 책 읽기로 같은 이야기에 귀 기울이고, 서로 다른 인물들의 입장에 서보고, 사건을 뒤집어보고, 새로운 결말을 상상해나가며 줄기차게 소통을 이어갔다. 함께 읽은 이야기가 늘어갈수록 아이들의 관계를 가로막았던 벽이 조금씩 허물어졌다. 그 빈자리는 우리가 채워나간 수많은 이야기로 촘촘히 연결되어 갔다. '부엉이 상담소'가 만들어낸 무한 상상의 공간에서 우리 반 아이들이 살갑게 부대끼고, 따뜻하게 서로를 감싸 안았을 수 있었다면 지나친 바람일까.

'부엉이 상담소'는 상당 부분 온라인 공간을 빌려 씀으로써 가능한 온·오프 블렌디드 프로젝트다. 여기서 배운 중요한 소통의 기술이 있다. 공간이 달라지면 입는 옷이 달라지듯이 교실 수업과 온라인 수업의 소통법은 달라야 한다는 것이다. 면 대 면 수업과 온라인 수업은 서로 다른 장단점을 가진 만큼 굉장히 상호 보완적이었다. 결국 고민할 문제는 '어떻게 면 대 면 수업과 온라인 수업의 장점을 최대한으로 조합할 수 있을까?'였다.

오프라인과 차별화된 온라인 수업 속 상호작용의 장점으로는, 주저 없이 즉시성과 다발성이 떠오른다. 즉시성과 다발성은 순식간에 폭발적인 상호작용이 동시에 일어나는 양상을 말한다. 전통적 교실에서는 교사가 발문하면 지목받은 학생이 일어나 발표하고, 새로운 발언의 기회가 주어지기까지 나머지 학생들은 청자의 역할을 한다. 반면 온라인 수업에서는 모든 이가 동시에 발언자의 역할도 하면서 청자도 되기 때문에 폭발적으로 서로의 생각을 공유할 수 있다.

예를 들어, 교사가 "주인공은 왜 그렇게 행동했을까요?"라고 발문한 뒤 패들렛 주소를 하나 공유했다고 가정해보자. 모든 학생이 동시다발적으로 패들렛이라는 공간에 접속해 자기 생각을 포스트하고, 다른 친구들이 작성한 것을 읽어나간다. '좋아요' 기능이나 답글을 이용해서 상호 피드백까지 한다면 하나의 발문이 일으키는 상호작용은 가히 폭발적이라고 할 수 있다.

이러한 온라인 상호작용의 즉시성과 다발성은 수직적인 교사와 학생의 관계를 수평적으로 만들어주는 효과가 있었다. 교실 수업에서는 발언권이나 규칙을 교사가 통제할 수 있는 위치에 있지만, 온라인 소통 상황에서는 학생에 의해 산발적으로 새로운 발문이 일어나기도 하고, 주로 교사에 의해 이루어졌던 피드백이 학생 간에 더 활발하게 이뤄지기도 했다.

학생 간의 관계도 더욱 수평적으로 변했다. 예전에는 지식이 풍부한 학생이 주로 발언권 혹은 학습 주도권을 가지기 마련이었다. 온라인 학습 공간 안에서는 잘하든 못하든 참여 의지만 있다면 댓글, 이모티콘, 이미지, 영상 등과 같은 다양한 매개체를 사용하여 자신을 드러낼 수 있다. 이러한 이유로 오프라인에서는 다소 수업 참여가 소극적인 학생이 온라인 수업에서는 적극적으로 자신을 드러내는 경우를 종종 보게 됐다.

코로나19는 미래 교실로 나를 힘차게 밀어 넣었다. 눈에는 보이지도 않는 바이러스가 전 세계에 가한 위력만큼이나, 온라인 수업이 교실에 일으킨 변화는 무척 크다. 결론적으로 말하면, 온라인 수업은 면 대 면 수업과는 다른 가능성과 잠재력을 지니고 있으며, 이 공간에서 일어나는 가르침과 배움에 대한 문법을 익혀나가지 않는 교사와 학생은 미래 교육에서 도태될 위험까지 있다. 그러니 코로나 덕분에 온·오프 블렌디드 수업에 관심을 두고, 여러 시도를 해볼 수 있었던 것이 천만다행이라 생각한다.

코로나 이후를 예측하며 많은 사람이 학교의 존폐를 논하지만, 역설적으로 코로나는 학교라는 물리적 공간의 필요성을 모두에게 단단히 각인시키는 기회였다고 생각한다. 인지 발달과 학습의 목표를 달성하기 위한 일차원적인 수준이 아니라, 또래가 서로 소통하고 갈등하고 성숙하는 만남의 공간, 사회 구성원 모두의 삶이 원활하게 지속하도록 지탱해주는 안전한 돌봄의 공간, 규칙적으로 가고 오고를 반복하는 가운데 우리 아이들의 건강한 신체와 건전한 하루를 만들어주는 일상의 공간으로서 학교의 위상은 더욱 커졌다. 학교라는 하드웨어는 견고할지라도, 그 안에 담길 소프트웨어는 변화할 것이며, 변화해야만 한다. 미래 교실로의 변신을 위해 낡은 옷은 버리고, 새로운 옷으로 단장할 때다.

2부

3인(人)
3색(色)
블렌디드
프로젝트

첫 번째 클래스룸

완벽하지 않더라도
만족스러운 수업

김은별

2020년, 짧은 교직 인생 중 처음으로 6학년 담임을 맡았다. 한 번도 맡아보지 못한 6학년 담임에 대한 기대로 설렜다. 졸업 후 떠나보내는 아이들을 맡아서 그런지, '6학년 담임은 꽃이다'라는 말도 전해지지 않는가. 학급이 편성된 2월 중순, 첫 번째 6학년 제자들의 초등학교 마지막 1년을 좋은 기억으로 남기고 싶다는 마음으로 개학 전에 편지를 쓰고, 우리 반 학급 밴드에 올렸다.

며칠 후 코로나가 전국을 강타했다. 개학은 몇 주나 미뤄졌고, 겨우 줌 화면으로 아이들을 처음 만났다. 선비 같은 우리 반 아이들은 내가 아무리 유튜버처럼 굴려고 노력해도 잘 웃지 않았다. 어색하기 짝이 없었다. 서로 어색하니 긴장감이 지속됐다. 그 와중에도 아이들은 수업을 끝까지 듣고, 자기 할 일을 묵묵히 해나갔지만, 1교시부터 6교시까지 진행되는 줌 수업에 지쳐갔다.

아이들의 시무룩한 표정에 교사로서 자신감이 떨어졌다. 코로나 블루에 빠졌던 것 같기도 하다. '이 시국에는 아무것도 할 수 없겠다'는 생각마저 들었다. 그렇지만 어떤 상황이든 어딘가에서 자신의 일을 묵묵히 해내며 자기만의 것을 만들어가는 사람들이 있다. 위기를 기회로 삼아 현명하고 멋지게 이겨내는 사람들도 있다. 아이들에게 '시국이 이러니 어쩔 수 없다'고 체념하는 모습을 보여주고 싶지 않았다. 살다 보면 언제든 '제2의 코로나'가 닥칠 수 있으니까. 그때마다 무기력해져서는 안 된다. 이에 어떤 상황이든 알맞게 내 역할을 해내면서 아이들에게 본보기가 되어야겠다고 마음먹었다. 이런 상황에서도 많은 것을 배우고 알아갈 수 있다고 느끼게끔 해주고 싶었다.

그러다 작년에 동학년 선생님들과 함께 공부한 프로젝트 수업이 떠올랐다. 블렌디드로 해본 적은 없지만, 할 수 있을 것 같았고 해내고 싶었다. 프로젝트 안에서는 아이들이 가르치는 것보다 더 많은 것을 스스로 배운다. 2019년, 4학년 학생들과도 다양한 경험을 했으니 6학년 학생들과는 더 많은 것을 할 수 있을 듯했다. 6학년 아이들은 스마트 기기 사용 능력도 좋고, 흡수도 빠르니까 말이다.

다양한 교과목을 아울러 블렌디드 프로젝트 수업을 하는 과정이 처음부터 원활했던 것은 아니다. 아이들도, 나도 블렌디드 프로젝트 수업은 처음이었기 때문이다. 하지만 프로젝트 수업을 하다 보면 교사도 모르는 것을 학생들끼리 함께 탐구해나가며 배움의 기쁨을 얻기도 한다. 또 학생들이 쌓은 작은 성공의 경험은 이후 다른 프로젝트에 쉽게 도전할 수 있는 힘이 된다. 약 열 개의 프로젝트 수업을 하면서, 2020년은 우리들에게 '무기력함'과 '무의미' 대신에 '가능성'과 '뿌듯함'의 한 해가 됐다.

플립북 아카데미 어워즈

수업안

1. 수업 계기

아침 8시 30분에 줌에서 학생들과 만나 오후 2시 10분까지 내리 실시간 쌍방향 수업을 했다. 처음에는 잘 적응하나 싶던 아이들도 계속되는 강의식 수업과 혼자 해내야 하는 과제들 때문에 표정이 점점 어두워졌다. 나름대로 열심히 준비한 수업들이었는데, 아이들의 표정을 견디는 게 너무 힘들었다. 화면 너머의 무표정들에 교사로서 사형선고를 받는 느낌이라 무서웠다. 내가 교사로서 능력이 없구나, 괴로웠다. 한 차시, 한 차시가 고비였다. 내게도 코로나19 때문에 벌어진 모든 상황이 처음이었지만 잘해내고 싶었다. 절망적인 시기지만 어떻게든 배우려 앉아 있는 아이들을 행복하게 만들어주고 싶었다.

'아이들이 교과서 내용을 즐겁고 재미있게 배우려면 도대체 어떻게 해야 할까?'

고민하다가 아이들이 좋아하는 것을 수업에 녹여보려 물었다.

"얘들아, 무엇을 할 때 가장 행복하니?"

6학년 학생들은 '유튜브 보기'와 '총 쏘는 게임'을 좋아한다고 했다. 게임은 잘 모르는 내가 그나마 덤빌 수 있는 게 '유튜브'였다.

'보는 것에서 한 걸음 더 나아가 유튜브 콘텐츠를 만들어보면 어떨까?'

영상 제작을 통해 배우고, 영상 업로드로 많은 사람이 보게 만들면

<프로젝트 과정>

① 움직임으로 나타내고 싶은 주제를 정한다.

② 종이 80장을 재단한다.

③ 그림을 연속성이 느껴지게 그린다.

④ 종이의 한쪽을 집게로 고정한 후 쭉 훑어 넘긴다.

⑤ 넘기는 동안 다른 친구의 도움을 받아 동영상으로 촬영한다.

⑥ 필요한 효과음을 녹음하거나 수집한다.

⑦ 선택한 화면 비율에 맞게 영상을 편집한다.

<준비물>

머메이드지/도화지(얇지 않은 종이), 꾸미기 도구, 스마트폰, 영상 편집 앱

<선생님의 조언>

■ 종이 수는 영상에서의 프레임 수를 의미합니다. 움직임별로 종이 수가 많아져야 애니메이션 속 움직임이 부드럽지요. 학생들이 스스로 깨달을 수 있도록, 첫 시간에는 자유롭게 수업하고, 2시간 연차시로 그리기 수업 후 모둠원끼리 중간 피드백을 하게 합니다.

■ 학생들이 그림 80장을 부담스러워할 수도 있습니다. 미술 시간에 10장씩, 2시간 연차시로 4번, 총 8시간 동안 그리게 하면 학생들이 어려워하지도 않고 작품의 질도 높아집니다.

■ 시간이 오래 지나면 종이를 잃어버리는 학생도 있습니다. 보관만 잘해도 성공인 수업입니다.

학생들이 그 자체로도 좋아할 것 같았다. 그래서 미술의 '애니메이션'과 음악의 '폴리 아티스트'라는 수업 주제를 엮어 '플립북 애니메이션'을 만들기로 했다. 의욕을 북돋기 위해 대회 형식을 빌려 상품도 걸었다. 플립북이란 조금씩 움직이는 형태로 연속 그림을 그린 뒤, 빠르게 페이지를 넘기는 애니메이션 기법을 가리킨다. 특별한 기술 없이, 간단한 그림으로 애니메이션을 만드는 가장 쉬운 방법이기도 하다.

많은 교사가 영상 제작에 겁부터 먹지만, 플립북 형식의 애니메이션은 아주 간단하게 만들 수 있다. 종이를 넘기는 영상만 촬영하면 되기 때문이다. 영상 제작의 기초 단계라고도 할 수 있다. 요즘은 앱 선택만 잘해도 큰 기술 없이 영상을 편집할 수 있으니까 난이도 있는 영상 제작 및 편집이 필요하더라도 문제없다. 다소 실력이 부족하더라도 괜찮은 결과물을 만들어낼 수 있다는 이야기다. 영상 제작 수업이라고 교사에게 뛰어난 편집 능력이 필요하지는 않다. 간혹 영상 편집을 어려워하는 학생들도 친구들의 도움(피드백)을 받으며 함께 성장해나간다.

2. 어떤 점이 좋을까?

플립북을 활용하면 어려운 기법이나 소프트웨어 없이 낙서하듯 간단한 그림을 여러 장 그리는 것만으로도 애니메이션을 완성할 수 있다. 부드럽게 연결된다면 뼈대만 있는 아주 간단한 그림으로도 만들 수 있으니까 미술 실력은 크게 중요하지 않다. 총 80장의 그림을 그려내는 끈기와 그 그림들을 잃어버리지 않는 책임감만 있으면 누구나 최종 결과물을 만들어낼 수 있다.

이 수업에서는 각자 표현하고 싶은 주제를 선택해 80장의 작은 그림으로 움직임을 만들어내도록 했다. 그다음 애니메이션에 알맞은 효과음과 배경음악을 선택해 영상을 완성했다. 플립북 애니메이션 작업을 하다 보면 학생들도 적은 동작을 많은 그림으로 채워야 정지된 그림이 부드럽게 움직인다는 것을 깨닫는다. 학생들은 스스로 애니메이션 감독이 되어 열심히 플립북 애니메이션을 만들었다.

3. 자세히 들여다보기

1) 탐구 질문 찾아내기

수업에서 좋은 질문은 학습 동기를 유발한다. 학습자로 하여금 '필요해서, 원해서, 의미 있기 때문에' 배우게 하는 의도적인 과정이다. 그렇기 때문에 질문과 더불어

봉준호의
플립북
애니메이션

학생들이 직접 의미를 찾아가게 하는 것이 좋다. 같은 것을 배우더라도 각자 다르게 자신의 삶에 적용하니 말이다. 그렇지만 플립북 아카데미 어워즈의 질문은 학생들 스스로 만들게 하지 않고, 내가 직접 제시했다. 첫 번째 프로젝트였기 때문이다.

정지된 그림으로 움직이는 연속적인 애니메이션을 만들려면 어떻게 해야 할까?

정지된 그림을 움직이려면 마술을 써야 해요. 호그와트에서는 가능하지만 우리가 그렇게 할 수는 없어요. 불가능해요!

정지된 그림을 움직이려면 그림을 잘라서 직접 움직이면서 동영상을 찍어야 하지 않을까요?

여러 장에 걸쳐 조금씩 움직이게끔 그리면 될 것 같아요. 마블 영화 시작할 때 그렇게 빠르게 움직이는 그림이 넘어가면서 애니메이션이 되거든요.

학생들의 이야기를 듣고 난 뒤, 봉준호 감독이 중학교 시절에 그린 플립북 애니메이션을 유튜브로 함께 보았다. 온라인 수업 상황이었기 때문에 줌의 화면 공유 기능으로 함께 영상을 감상했다. 화면 공유로 영상을 보니 자꾸 끊겨 아쉬웠는데, 요새는 '동영상 공유' 기능이 생겨 파일만 있으면 끊김 없이 함께 볼 수 있다. 영상이 끊긴다면 채팅창에 유튜브 링크를 공유해 개별로 보는 방법도 있다.

학생들은 집중 안 될 때 교과서 끄트머리에 그리는 낙서와 비슷한 봉준호 감독의 플립북에 흥미를 보였다. 아카데미상까지 받은, 세계적으로 인정받은 영화감독의 어린 시절이라는 것도 흥미로운 듯했다. 열심히 동영상을 감상한 후 학생들은 낱장의 그림이 빠르게 넘어가는 모습이 연속된 동작의, 애니메이션처럼 보인다고 했다. 내 질문의 답을 찾은 셈이다. 그렇지만 이것을 플립북 아카데미 프로젝트 수업에 대한 답이라고 할 수는 없다. 학생들은 플립북 애니메이션을 만드는 과정에서 봉착하는 다양한 어려움을 해결해나가면서 탐구 질문의 답을 구체적인 결과물로 보여줬다.

2) 평가 기준 함께 만들기

이번 프로젝트는 시상식이기 때문에 탐구 질문에 답한 이후, '어떻게 하면 상을 받을 수 있는지'에 초점이 맞춰졌다. 많은 아이가 '잘 그린 학생만 상품을 받는 것이 아니냐'고 불안해했다. 이에 탐구 질문인 '정지된 그림으로 움직이는 연속적인 애니메이션을 만들려면 어떻게 해야 할까?'를 다시 읽었다.

　탐구 질문의 답은 '그림을 얼마나 잘 그렸느냐'가 아니라 '정지된 그림을 얼마나 부드럽게 연속 동작처럼 보이게 하느냐'다. 자연스럽게 학생들과 프로젝트의 평가 기준도 함께 마련했다. '간단한 움직임이더라도 창의적인 스토리를 구상하는 것', 더 실감나는 애니메이션을 만들기 위해 효과음 넣는 것까지 평가 기준에 추가하기로 했다. 끝으로 수학의 '비와 비율'에서 배운 내용을 바탕으로 학생들에게 화면 비에 대해 알려주고, 종이를 화면 비에 맞춰 재단하기로 했다.

　평가 기준을 만들고 나니 학생들은 어떤 플립북을 만들 것인지 청사

<학생들과 함께 만든 평가 기준>

※주의※ 그림 실력은 평가하지 않음!

- 얼마나 부드럽게 장면이 잘 이어지는가?
- 내용이 얼마나 창의적인가?
- 효과음을 얼마나 적절하게 만들어 사용했는가?
- 화면 비에 맞게 종이의 가로와 세로를 잘 측정해 잘랐는가?

스토리 짜기	그림 그리기 후 상호 피드백(2차시씩)			촬영하기	공유 및 평가하기
인물, 사건, 배경 정하기	1일차	20장	소회의실에 네 명씩 모여 노하우와 어려운 점 함께 나누며 도움 받기	친구와 협력 하여 플립북 애니메이션 촬영하기	밴드에 올려 부모님과 다른 친구들 투표 받기
	2일차	20장			
	3일차	20장			
	4일차	20장			

진을 수월하게 그려냈다. 앞으로 프로젝트는 어떻게 진행할지, 프로젝트 수업 계획도 짰다. 다음 시간부터 어떻게 '플립북 애니메이션'을 그려낼지 말이다. 우리는 미술 연차시마다 몇 장의 그림을 그리는 게 좋을지 논의했다. 학생들은 한 시간에 10장씩 연차시 미술 시간 동안 20장을 그리면 좋겠다고 이야기했다. 평가는 모두가 플립북 애니메이션을 완성한 후 하기로 했다.

학생들과 함께 프로젝트 계획과 평가 기준을 함께 짜고 나니 매 시간 반복되던 '오늘은 뭐해요?', '오늘 수업에는 어떻게 해야 해요?'라는 질문들이 사라졌다. 함께 계획을 짜니 학생들은 미술 시간마다 물어보지 않고, 스스로 할 일을 찾아서 해냈다. 그 덕에 학생 개개인이 진정 궁금해하는 문제에 대해 도움을 줄 수 있었다. 예를 들면, '영화관의 화면 비는 어떤지'나 '화면 비가 또 사용되는 곳이 어느 곳인지' 같은 질문에 함께 답을 찾아볼 시간이 생겼다. '진짜 질문'에 집중할 수 있었던 셈이다.

학생들은 실제로 탐구 활동 중에 마주치는 어려움에 대해서도 마구 질문했다. '어떻게 하면 뚝뚝 끊기는 움직임을 자연스럽게 할 수 있는지', '하는 도중에 그림으로 표현하기 어려운 점은 무엇인지' 같은 정말 교사의 도움이 필요한 곳에 적절히 피드백 해줄 수 있었다.

3) 따로 또 같이, 애니메이션 만들기

(1) 원격 수업 상황에서 애니메이션 만들기

플립북 만들기는 '스토리 짜기'부터 시작된다. '스토리 짜기'라고 하면 거창하게 들릴지도 모르지만, 플립북에서의 '스토리'는 하나의 움직임이기 때문에 기승전결이 갖춰지지 않아도 된다. 원인과 결과가 드러나면 더욱 좋겠지만 단순한 움직임이어도 상관없다.

막연히 움직이는 장면 하나를 정하라고 하면 학생들은 아이디어를 떠올리지 못한다.

"뭘 그려야 할지 모르겠어요."

이러는 학생들에게는 무엇을 좋아하는지 생각해보라고 했다. 이어서 '마인드맵'을 그리게끔 했다. 예를 들어, '로봇'을 좋아하는 학생이라면 로봇이라는 주제부터 생각을 확장해나가는 것이다. 그러다 보면 특정 장면을 떠올릴 수 있다. 장면에 필요한 움직임이나 인물, 배경, 사건을 구체적으로 생각하면 더 흥미진진한 애니메이션을 만들 수 있다.

스토리를 완성했다면 이제 차시당 10장씩 그림만 그리면 된다. 미술은 하루 연차시이므로 총 20장을 그릴 수 있다. 간단한 그림이지만, 생각보다 고된 작업이라 하루 20장을 다 그리지 못하는 학생도 있었다. 그래서 어느 시점부터는 학생 스스로 필요하다고 생각되는 만큼만 그리자고 합의했다. 대신 평가에서 정지된 그림이 얼마나 자연스럽게 연결되는지 최우선으로 보기로 했다.

학생이 어려움이 처해 있을 때도 교사의 도움이 필요하다. 문제는 교사는 한 명인데, 학생이 여러 명이라는 점이다. 도움이 필요한 학생

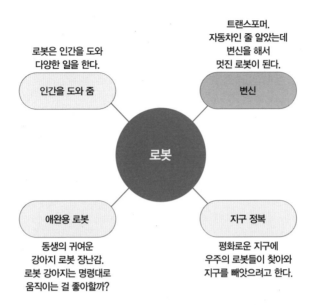

수가 적다면 모르지만, 그렇지 않다면 하루 종일 피드백만 하며 보낼 수도 있다. 학생 스스로 혹은 친구와 함께 해결할 수 있는 질문, 중복된 질문은 교사를 피로하게 만들 뿐만 아니라 수업에도 방해된다. 이런 질문들 말이다.

"오늘 몇 장 그려야 해요?"

"선생님, 그림을 그리는데 뚝뚝 끊겨요."

"멈추는 느낌은 어떻게 내야 하나요?"

교사만 피드백 했다면 아마 같은 질문에 여러 번 대답했을 테지만, 차시별 학생 간 피드백으로 이를 예방할 수 있었다. 2차시마다 무작위로 다른 모둠원들이 중간 결과물을 피드백 해주는 시간을 가지는 것이다.

하루에 20장씩 그린 다음, (만약 다하지 못했다면 못한 대로) 줌의 소회 의실에 무작위로 네 명씩 모여서 서로 작품을 보여주고, 잘된 점과 어려운 점을 대화하며 서로 노하우를 얻는다. 처음에는 모든 소회의실을 돌아다니면서 학생들을 도와줬는데 한번 하고 나니, 학생들도 요령을 익혀서 별다른 도움 없이도 서로 의견을 잘 주고받았다. 이렇게 소회의실에서 얻은 노하우나 아이디어는 나중에 전체 회의실에서 발표하면 좋다. 분명 같은 문제를 겪는 다른 친구들이 있기 마련이다.

중간 피드백 방법   ⋔ ♡ 👍 🔖

① 줌 소회의실에 랜덤으로 모둠원을 구성합니다. 소회의실은 학생들이 자유롭게 토의·토론할 수 있는 공간으로, 구성원을 임의로 지정할 수도 있고, 무작위로 구성할 수도 있습니다.

② 소회의실에 학생들이 입장하면 이번 시간에 만든 결과물을 학생이 직접 소개하고 어려운 점에 대해 질문합니다.

③ 다른 친구들은 해당 학생의 잘된 점을 칭찬하고, 어려운 점에 대해 조언해줍니다.

④ 다음 차시에서 발전시킬 부분을 정리하며, 학생 스스로 배움공책에 오늘 피드백 받은 내용을 기록하게 합니다.

〈학생 배움공책 기록 예시〉
나는 시간 안에 20장을 끝내지 못했다. 왜냐하면 움직임이 부드럽게 연결되어야 하는 부분이었기 때문이다. 친구들은 시간 안에 다 끝내서 조금 부러웠지만, 내가 만든 부분을 보여주니 자연스럽다고 친구들이 칭찬해줘서 좋았다. 나는 움직임을 부드럽게 하려면 적은 동작에 더 촘촘히 많은 장을 움직임을 조금씩 변화하며 그려야 한다고 노하우를 알려주었다. 아직 몇 장 더 그려야 끝나지만, 친구들의 칭찬에 더 그릴 힘이 생겼다. 이번 주말에 좀 더 그려서 이번에 계획한 양을 끝내야겠다.

학생 간 상호 교류로 중간 피드백을 마친 다음은 교사가 피드백 할 차례다. 소회의실에서 협의가 끝난 다음 전체 회의실로 학생들을 불러 각각 모둠에서 나눈 이야기를 들었다. 학생들은 자기들끼리 찾아내지 못한 문제의 해결책을 교사에게 묻는데, 이때 이전 소집단에는 속해 있지 않았던 친구들이 해결책을 조언해주기도 한다. 친구의 피드백을 듣고 스스로 해결책을 깨닫는 경우도 있고 말이다.

> 선생님, 그림이 너무 부자연스러워요. 사람이 순간 이동하는 것 같아요.

> 한 장마다 조금씩 움직이게 하면 될 것 같은데?

> 아, 사이사이 그림을 추가하면 되겠구나!

한 장면을 똑같이 두 번 그려도 되느냐고 묻는 친구도 있었다.
"그 장면이 오래 지속돼야 하나요?"
내가 이렇게 되묻자 그 학생은 스스로 '한 장면을 오래 지속하려면 같은 장면을 여러 개를 그려야 한다'는 깨달음을 얻었다.

(2) 등교 수업 상황에서 애니메이션 만들기

온라인 수업을 하다 보니, 등교 수업을 병행해야 할 때가 왔다. 종이를 넘기면서 촬영까지 해야 하기 때문에 혼자서 플립북 영상을 촬영하기는 힘들다. 친구의 도움이 필요하다. 한 사람이 종이를 넘기면, 한 사람이 촬영해줘야 하는 것이다. 전혀 어려울 것 없어 보이지만 생각보다 종이가 한 장씩 잘 넘어가지 않아 힘들어하는 학생도 있었다. 그래서 동영상 촬영 중에 '찰칵' 소리가 들려오기도 했다.

'동영상 촬영하는데 왜 사진 찍는 소리가 들리지?'

이러고 소리가 들리는 쪽으로 가보니, 종이 낱장을 하나하나 촬영하고 스캔하는 중이었다. 그 후, 동영상 편집 앱에 하나씩 넣고 한 장씩 노출 시간을 아주 짧게 단축하니 자연스러운 애니메이션이 만들어졌다.

플립북 애니메이션을 혼자서, 성공적으로 촬영하려면? 🙎 ♡ 👍 🔖

1. 조금 뻣뻣한 종이
A4용지처럼 얇은 종이는 자주 낱장을 넘기다 보면 금세 흐물흐물해집니다. 플립북은 종이의 전체의 장수가 적을수록 잘 넘어가지 않기 때문에 양이 적으면 조금 두꺼운 종이를 이용하는 게 좋습니다.

2. 집게
플립북의 그림이 많을수록 필요합니다. 그림을 고정해서 손으로 휘리릭 넘겨야 하는데 양이 많으면 손에서 자꾸 빠져나갑니다. 종이들을 고정할 수 있는 집게가 필요합니다.

3. 휴대폰 거치대
온라인 수업 상황이라면 휴대폰 거치대로 카메라를 책상 위 고정해 찍도록 안내할 수도 있습니다. 아래에서 손으로 그림을 넘기면 부모님의 도움 없이 학생 스스로 촬영할 수 있습니다.

Q. 영상 촬영 대신 사진으로 한 장 한 장 찍어서 애니메이션을 만들어주는 앱은 무엇인가요?
A. image play
사진을 연결하여 하나의 동영상이나 gif로 만들어주는 앱입니다. 동영상이나 연속으로 찍은 사진을 느리게 혹은 빠르게 재생시켜 다른 동영상으로 만들 수도 있습니다. 무료 버전에는 워터마크가 있습니다.

애니메이션 영상은 만들었지만 빠진 것이 있다. 바로 소리였다. 소리가 없는 애니메이션은 현실감이 떨어졌다. 우리는 소리를 따로 만들어서 입히기로 했다. 마치 폴리 아티스트처럼 말이다. 이때 영상 편집이 처음이라 어려워하는 친구가 많았으나 잘하는 친구들의 추천 앱과 피드백 덕에 많은 학생이 기초 수준의 편집은 해냈다. 이번 수업에 요구되는 영상 편집은 효과음이나 배경음악을 넣는 정도로, 높은 수준의 편집 실력이 필요하지 않았기 때문에 학생들의 성취도도 컸다.

폴리 아티스트란?　　　　　　　　　　　　👤 ♡ 👍 🔖

영화 속의 '눈 밟는 소리'가 실제 '눈 밟는 소리'가 아니라는 사실은 대부분 알고 있을 것입니다. 영화나 드라마 속의 다양한 소리를 실감 나게 만들어 넣는 사람을 '폴리 아티스트'라고 합니다.

참고 동영상

<음악>·<진로> 시간을 활용해 효과음 만들기
① 다양한 영화와 드라마 속 장면을 편집해놓은 것을 영상으로 보여줍니다.
② 폴리 아티스트가 작업하는 동영상을 보여줍니다.
③ 내 애니메이션에 필요한 소리는 어떤 것인지 생각해봅니다.
④ 다른 도구로 소리를 만들어내기 어려운 학생들은 해당 소리를 직접 녹음합니다.
⑤ 영상 편집 프로그램으로 소리를 삽입합니다.

4) 공유하기

(1) 친구들의 애니메이션 감상하기

교실에서 만들어낸 결과물은 보통 클리어파일에 보관되다 다음 학년이 시작될 때 버려진다. 어떤 것들은 클리어파일에 보관되지도 않는다. 학생들은 왜 결과물을 소중히 하지 않을까? 소중히 할 만큼 공들이지 않았기에 필요하지도 않고, 자신에게조차 아무 의미가 없기 때문이다.

좋은 결과물에는 세 가지 정도 조건이 있다. 학생에게 의미 있고 소중하거나, 타인에게 영향을 끼치거나, 자주 보이는 곳에 전시되는 것이다. 그런 의미에서 영상 공유 온라인 플랫폼을 잘 선택하는 것이 중요하다 싶었다. 이에 학생들에게 익숙한 네이버 밴드에 영상을 올리게 하고, 다른 친구들과 학부모들이 결과물을 쉽게 볼 수 있도록 했다. 작업 속도가 느린 친구들을 위해 업로드 기간도 조금 늘려줬다.

(2) 평가 기준에 맞게 투표하기

학생들의 업로드가 끝나면 교사는 결과물을 한데 모아 온라인에서 학생들끼리 '쉽게' 상호평가를 할 수 있게끔 해주어야 한다. 이 프로젝트가 감상에서 끝나지 않고, 제대로 된 평가로 이어지게끔 하기 위해서다. 영상 찾아보기와 평가가 귀찮은 일이 되면 학생들이 대충 아무렇게나 평가할 수도 있다.

먼저 영상 링크를 하나의 게시글에 순서대로 모았다. 글 맨 위에는 처음 만들어둔 평가 기준표를 제시하고, 학생들이 투표할 수 있는 기능을 만들었다. 투표 평가 전에 평가 기준표를 보면 학생들도 '자기 마

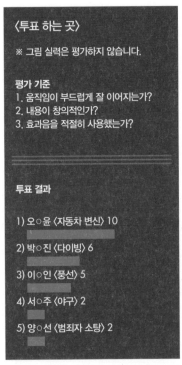

〈투표 하는 곳〉

※ 그림 실력은 평가하지 않습니다.

평가 기준
1. 움직임이 부드럽게 잘 이어지는가?
2. 내용이 창의적인가?
3. 효과음을 적절히 사용했는가?

투표 결과

1) 오ㅇ윤 〈자동차 변신〉 10

2) 박ㅇ진 〈다이빙〉 6

3) 이ㅇ인 〈풍선〉 5

4) 서ㅇ주 〈야구〉 2

5) 양ㅇ선 〈범죄자 소탕〉 2

투표 결과창이다. 투표하는 곳 상단에는 평가 기준을 올려두었다. 밴드에서 투표할 수 있게끔 학생의 이름과 작품명으로 투표 창을 구성했다. 학부모와 학생 모두 무기명으로 투표할 수 있도록 했다. 결과는 투표가 끝난 뒤 발표했다.

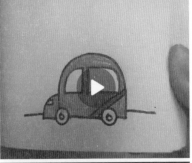

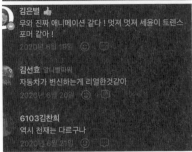

학생들의 결과물과 친구들의 좋아요 표시와 댓글 반응들

음대로'가 아니라 객관적인 평가가 가능해진다.

학생들은 평가 기준표로 영상 결과물을 평가하면서 친구들의 결과물을 비평했다. '좋아요, 최고예요, 슬퍼요'처럼 '표정 짓기' 버튼을 누르거나 댓글을 달았다. 나도 학생들의 최종 결과물을 댓글로 칭찬해줬다.

첫 번째 프로젝트 결과물을 보고 난 학부모의 반응도 다양했다. 다른 학생들의 결과물을 함께 보고 평가하기 때문인지 자녀의 결과물에 대해서도 평가 기준에 맞춰 객관적인 시각으로 제대로 비평하기도 했다. 잘 만들었지만 제목이 어울리지 않는 영상에는 "제목이 구체적이면 더 좋을 것 같다" 같은 피드백이 달렸다. 해당 학생은 다른 학생들이 보다 쉽게 이해할 수 있게끔 제목을 수정했다. 이러한 상호비평이 다른 비슷한 수업 시 학생에게 도움이 되리라는 생각이 들었다.

5) 마무리 성찰하기

프로젝트 후, 학생들의 이야기를 '최종 성찰 기록지'로 보았다. 생각보다 열심히 임하지 못해 30장을 몰아서 했다는 뒷이야기, 선생님이 마감 기한을 더 주었는데도 약속을 지키지 못해서 죄송했다는 반성문, 사실 열심히 안 그려서 제출할 수 없었는데 동생이 버렸다고 한 거짓말에 대한 양심 고백, 열심히 했지만 결과가 마음대로 나오지 않았다는 푸념, 선물은 못 받았지만 자신의 작품에 만족한다는 성실한 아이들의 이야기까지. 성찰을 보니 프로젝트 수업의 전체가 그려지면서 내 마음도 뭉클해졌다. 아이들마다 와닿은 부분 또는 기억에 남는 활동이 모두 달랐다니 놀라웠다.

플립북 애니메이션을 마치면서   八 ♡ ⮝ 🔖

ID: 빵그리

이번 '플립북 애니메이션 아카데미 어워즈'를 마치면서 성취감도 느끼고 아쉬움도 느꼈다. 플립북을 만들며 성취감을 느꼈고, '아카데미 어워즈'에서 우수한 성적을 얻지 못한 것에서 아쉬움을 느꼈다. 내가 우수한 성적을 얻지 못한 가장 큰 요인은 완성도가 높지 않아서인 것 같다. 애니메이션의 주인공의 움직임이 자연스럽게 이어지지 않고, 내가 다른 이에게 전하고자 하는 메시지를 잘 전달하지 못한 것 같다.

비록 이번 시상에서는 우수한 성적을 거두지는 못하였지만 내가 편집을 어려워할 때 도와준 친구들에게 고맙다. 또 시간이 남았음에도 불구하고 친구들을 챙기지 않고 내 것에만 신경 쓴 나 자신에 대해 좀 더 반성해야겠다.

이번 프로젝트 수업 점수는 10점 만점에 8점이다. 완성도에서 −1점, 부드러운 연결에서 −1점이었다. 처음에 그림을 잘 관리하지 못해서 잃어버리기는 했지만, 그래도 나 자신과의 시간 약속을 지키며 79장을 완성한 나를 칭찬해주고 싶다.

플립북   八 ♡ ⮝ 🔖

ID: 다이버

플립북 애니메이션 아카데미 어워즈 PBL을 끝냈다. 몇 주 동안 해서 이제 끝냈다니, 나 자신이 대단하다. 온라인에서 플립북을 만들 때 귀찮아서 대충했지만 완성작을 보니 이건 아닌 것 같아서 다시 만들었다. 내가 만들려고 한 플립북에 대해 많이 조사했다. 그러니까 그나마 괜찮은 플립북을 완성한 것이다.

온라인에서 친구들과 함께 중간 점검, 피드백을 해서 도움은 되었지만 직접 만날 수 없어서 아쉬웠다. 일주일마다 점검하면서 친구들 것을 보니 '나도 분발해야겠다'라는 생각이 들었다. 집에서 미리 동영상을 만들고 와서 학교에서는 효과음을 녹음했다. 내 주제는 다이빙이어서 풍덩하는 소리만 만들었다. 학교 연못에서 소리를 녹음하고 영상 편집을 하니 진짜 다이빙하는 것 같았다.

막상 올리려고 하니 부끄러웠지만 올려야 좋은 평가를 받을 수 있기 때문에 부끄러움을 뒤로 했다. 애니메이션을 올리고 나니 선생님께서 소리가 리얼하다고 칭찬해주셔서 기분이 좋았다. 집에 가니 엄마가 정말 잘했다고 칭찬해주셔서 뿌듯했다.

주말에 투표를 했다. 비밀 투표여서 어떤 점수가 나왔을지 궁금했다. 별로 기대하지 않았지만 결과가 2등으로 나와서 잘했다는 생각이 들었다. 나는 별로 열심히 한 것도 없었다고 생각했지만 높게 나와서 한껏 기분이 좋았다. 이 PBL을 통해 친구들과 많이 협력했고 친구들이 이렇게 잘 그린다는 것을 알게 되었다. 나뿐만 아니라 다른 친구들도 작품에 여러 의미가 잘 담겨 있었다.

플립북 프로젝트 수업의 성찰   👤 ♡ 👍 🔖

ID: 하늘색병아리

플립북 애니메이션 아카데미 어워즈 PBL을 했다. 먼저 애니메이션이 무엇인지 알아보았다. 사진 한 장, 한 장을 빠르게 이어 붙여서 자연스럽게 동영상처럼 만드는 것이었다. 나는 부드럽게 이어붙이는 것을 가장 잘한 것 같다. 처음엔 계획을 짰다. 일주일에 20장을 만드는 것이 목표였다. 평가 요소도 함께 만들었다.

이번 PBL은 미술, 음악에 더해 수학의 비와 비율에서 배우는 화면 비도 들어가 있다. 만들면서 중간 점검을 하고 친구들의 피드백도 들어보니 더 잘 된 것 같다. 친구들의 피드백 시간이 가장 유익한 시간이었다. 동영상 촬영을 할 때 친구들이 엄청 도와줬다. 협동하지 않았다면 제시간에 해내지 못했을 것이다. 공유하고 댓글을 달았는데, 친구들이 댓글을 달아주고 이모티콘을 보내줘서 고마웠다.

나는 부드럽게 잇는 것은 잘했지만, 배경이나 그림체, 효과음 등이 부족했다. 미술 실력을 늘리고 싶다. 나중에 미술과 관련된 프로젝트 수업을 한다면 더 열정적이고 집중력 있게 해야겠다.

온라인에서는 직접저인 도움을 받지는 못했지만 친구들의 피드백이 좋았다. 오프라인에서는 직접적인 도움을 받을 수 있어서 더 쉽게 할 수 있었다. 다음에는 UCC로 프로젝트 수업을 해보고 싶다.

나의 플립북 애니메이션

ID: 스나이퍼

플립북 애니메이션 아카데미 어워즈 PBL을 마무리했다. 내 친구 '윤'이 상을 타서 정말 좋았다. 이 수업에서 미술, 음악, 수학을 활용해서 더 좋았다. 동영상을 찍을 때 휴대폰 용량이 많이 차서 약간 불안했지만 동영상을 올린 것에 뿌듯함을 느껴서 괜찮았다.

중간 점검을 할 때 친구들의 피드백을 받아 좀 더 힘낼 수 있었고 투표할 때 0표가 나올 줄 알았는데 나를 뽑아준 친구, 부모님들에게 감사했다. 그런데 효과음이 적절하지 않은 것이 있어서 약간 아쉽다. 그리고 유튜브에도 올려보고 싶다. 시간 될 때 수정해서 꼭 올려야겠다. 그리고 윤처럼 색칠도 해봐야겠다.

플립북 애니메이션을 만들고 나서

ID: 생각부자

PBL이 끝나고 나니까 재미도 있었고 뿌듯했다. 우리는 첫 번째 시간에 애니메이션에 대해 알아보고 내용 구상을 했다. 그다음에 직접 만들었다. 만들면서 내용이 조금씩 바뀌기도 했다. 친구들과 피드백을 주고받으면서 내 애니메이션의 고칠 점, 잘한 점을 알고 함께 이야기해봐서 좋았다. 애니메이션을 다 그린 다음 동영상을 찍었다. 찍은 뒤 친구들과 공유하고 댓글을 달았다. 친구들의 영상을 보고 댓글을 다니 평론가가 된 느낌이었다. 잘한 애니메이션을 투표로 뽑았는데 생각보다 많은 표를 받아서 기분이 좋았다.

플립북 애니메이션을 만드는 것이 힘들기도 했지만 다 만들고 나니 뿌듯했다. 또 다른 애니메이션을 만들고 싶기도 했다. 반성할 점은 조금 늦게 완한 것이다. 서로 도우며 찍고 편집하니까 친구들 간에 협동력도 더 좋아진 것 같다. 영상을 찍을 때 좀 더 가까이 찍어서 진짜 애니메이션같이 보이게 했으면 좋았을 텐데 그렇게 하지 못해서 아쉽기도 하다.

▲ 플립북 아카데미 어워즈의 수상자 '윤'은 상품으로 고급 수채화 색연필을 받았다. 2등을 한 '다이버'도 아차상 상품을 받았다. 그제야 상품을 안 학생들은 '열심히 할걸' 하며 아쉬워했다. 먼저 상품을 알려주는 것도 동기 부여에 도움이 될 듯하다.

◀ 교사가 미국 여행 중 LA 할리우드에서 사온 학생용 아카데미 트로피

학생들이 만든
플립북 애니메이션

플립북 아카데미 어워즈의 목적은 '수상'이 아니었다. 수업을 대하는 학생들의 자세를 보고 싶었다. 첫 프로젝트라서 어려운 점도 있고, 아쉬운 점도 있었지만 결국 우리 아이들에게 남은 것이 중요하다고 본다. 바로, 학생 스스로가 할 수 있다는 성취감과 비록 큰 능력이 없어도 끈기와 꾸준함만 있으면 해낼 수 있다는 자신감 말이다.

처음 시작한 블렌디드 수업으로 프로젝트 수업을 한다는 것은 나에게 도전이었다. 힘든 부분도 많았다. 아이들과 처음 호흡을 맞춰보는 것이기 때문에 아이들이 잘할 수 있을지 의구심도 들었다. 내가 크게 에너지를 보여줘야 아이들이 조금이나마 따라왔다. 하지만 플립북 아카데미 어워즈 수업은 '블렌디드 프로젝트 수업'의 가능성을 보고 지속할 수 있게 도와주는 신호탄이 됐다. 누구나 처음은 어려우니 그냥 도전하는 것. 이 처음이 경험으로 쌓여 또 다른 블렌디드 프로젝트 수업에 도전하게 만들었다.

속담 사전 만들기

1. 수업 계기

수업안

6학년 1학기 국어에는 '속담을 활용해요'라는 단원이 있다. 지도서에는 속담을 실생활에서 적절히 활용하도록 지도하라고 쓰여 있지만, 교과서에 나오는 속담은 열 개 미만에 불과하다.

'과연 열 개만 배워서 학생들이 실생활에 속담을 잘 사용할 수 있을까?'

이런 의문이 들어 학생들에게 물어봤다.

"교과서에는 열 개밖에 나오지 않았는데 열 개의 속담만 알면 쓰고 싶은 상황에서 항상 속담을 쓸 수 있을까요?"

아이들은 고개를 저었다.

"고작 열 개 가지고 속담을 잘 활용한다고 할 수는 없죠!"

우리 반 재간둥이 중 한 명이 내 마음을 대변해줬다.

"(교과서에 나오는 속담들) 들어본 적 있나요?"

"이 속담은 어떤 뜻일까?"

이렇게 묻자 교과서에 있는 속담을 이미 알고 있는 학생도 70퍼센트가 넘었다.

교과서에 실린 속담 열 개가 버거운 학생이 있을 수도 있다. 열 개라도 제대로 알고, 적재적소에 쓰는 것이 훨씬 좋을 수도 있다고 생각한다. 그렇지만 학생들이 일상생활에서 많이 들어 이미 알고 있는 속담 말고, 사람들이 많이 쓰지 않아 점점 사라져가는 속담에도 관심을 갖고 사용하면 좋겠다는 생각이 들었다. 본디 언어란 사용하는 사람이 많아야 수명이 길어지기 마련이다. 학생들이 구전으로 이어져오는 '속담'에 관심을 갖고 즐길 줄 아는 학생이 되길 바라는 마음으로 이 프로젝트를 구상했다.

2. 어떤 점이 좋을까?

1) 성실함의 미덕

개인의 능력이나 지적 수준에 관계없이, 필요한 내용을 꾸준히 찾아 적는 성실함만 있으면 누구든 사전 만들기 수업의 결과물을 완성할 수 있다. 사전 만들기는 간단하게 '지식정보처리역량'을 길러줄 수 있는 수업이기도 하다. 단기간에 모든 학생이 함께 하나의 사전을 만들어도 좋고, 장기 프로젝트로 학생별로 하나의 사전을 만들 수도 있다. 어떻게 진행하든 교사는 학생들이 꾸준하게 사전을 만들 수 있도록 피드백과 격려를 아끼지 말아야 한다. 학생들이 성실함의 미덕을 깨우칠 수 있도록 상시 관찰하며 칭찬할 필요가 있다.

\<프로젝트 과정\>

① 어떤 종류의 사전을 만들 것인지 정한다.

② 사전에 들어갈 내용을 정한다.

③ 사전을 시간에 걸쳐 완성해나간다.

④ 배열 순서에 맞게 정렬한다.

\<준비물\>

구글 독스(스프레드시트 또는 문서), 스마트기기

\<선생님의 조언\>

■수록할 요소가 많은 분야를 사전으로 만드는 것이 좋습니다.

■학생들의 '성취기준'에 맞춰서 사전에 기록할 내용과 필요한 요소를 이야기해주세요. 예를 들어, 속담 사전은 뜻을 아는 것보다 실제로 속담을 적절한 상황에 활용하는 것이 좋기 때문에 '속담의 뜻'과 '사용할 수 있는 예시'를 쓰도록 했습니다.

■표현 방법은 다양하게 해도 좋습니다. 과학 교과의 관찰이라면 사진이나 그림, 글로 다양하게 표현해 백과사전의 느낌을 내주는 것이지요.

■학생들의 스마트기기 사용 능력이 좋다면 글과 그림, 사진을 이용하는 것이 좋지만, 온라인상에서 스마트기기를 처음 사용한다면, 글로만 표현하게 하는 것이 좋습니다. 수업 하나에 사용법 하나만 익혀도 성공입니다.

2) 온라인 도구(구글 독스) 체험

구글 독스는 동시 입력과 공유가 가능한 온라인 입력 도구다. 여러 학생이 함께 사전을 만들 때 유용하다. 참고로 둘 이상의 도구를 사용하면 학생들이 목적보다 수단에 집중한다. 어른에게는 쉬운 기능도, 처음 접하는 아이들에게는 어려울 수 있음을 기억해야 한다. 그러니 하나의 도구로 여러 날 단순한 작업을 반복할 수 있게 만들어줄 필요가 있다. 그래야 익숙해진다. 이런 작은 경험이 쌓이면 나중에 복잡한 형태의 프로젝트 수업을 할 때 상황에 맞춰 학생 스스로 온라인 도구를 선택할 수도 있다.

3. 자세히 들여다보기

1) 속담을 어떻게 공부해야 할까?

6학년 국어의 한 단원을 하나의 프로젝트로 독립시킨 수업이니만큼 학생들이 가능한 한 많은 속담을 알고 실제 생활에 사용할 수 있게 만드는 것이 이 단원과 수업의 목표다. 그렇지만 학생들이 아는 속담은 그렇게 많지 않다. 이에 먼저 속담을 많이 알고, 어떤 상황에서 쓰는 것인지 그 예시를 정확하게 이해하는 것이 중요하다고 생각했다. 온라인 수업에서 학생들에게 다음과 같은 질문을 던졌다.

"속담을 많이 알고, 평소에도 잘 사용하기 위해서는 어떻게 해야 할까?"

학생들은 "속담 책을 본다", "실제로 많이 사용해본다"같이 답변했다. 실제로 사용해보기 전, 보다 많은 속담을 공부하기 위한 방법을 토의한 끝에 '사전 만들기'라는 방법을 정했다.

사전이란 한 분야에 쓰이는 낱말이나 단어를 모아 정렬하고, 의미를 밝힌 책이다. 요즘에는 다양한 장르의 사전이 많이 있다. 우리 반에서는 다양한 속담을 모아 속담 사전을 만들기로 했다. 혼자 만들려면 분량도 적고, 단시간에 만들기도 어려우니 반 전체 학생이 함께 사전을 만들고 공유하기로 했다. 학생들은 공동으로 속담 사전을 만들면서 필요한 자료를 찾고, 활용 예시를 생각해보기로 했다.

속담을 많이 알고, 평소에도 잘 사용하기 위해서는 어떻게 해야 할까?

속담을 모르는데 어떻게 사용해요?

공부하면 알겠죠!

속담 책을 보면 지식이 쌓일걸요?

인터넷에서 속담 조사하면 지식인에 엄청 많이 나와요.

잘 찾는다고 아는 건 아니지 않아요?

배운 걸 실제로 사용해야 찐이죠!

맞아요. 많이 알아도 실제로 사용하지 않으면 아무 쓸모가 없어요.

그럼 우리가 이번 단원을 어떻게 배워볼까?

속담을 조사해서 기록해봐요.

뜻이랑 관련된 속담을 찾아요.

사용할 수 있는 상황도 스스로 생각해보면 좋을 것 같아요.

맞아요. 실제로 우리는 그 상황에 맞게 써야 하니까.

속담 책처럼 사전을 만드는 거 어때요?

혼자서 어떻게 사전을 만들어…… 사전이라고 하면 100개는 넘어야지.

모둠별로 만들까요?

우리 반끼리 하면 엄청 모이겠네. 함께 하나의 책으로 만들면 어때요?

  사전에 들어갈 내용은 학생들과 실시간 쌍방향 수업으로 함께 정했다. 먼저 '속담', '뜻', '실생활에서 사용할 수 있는 구체적인 예시'를 정했다. 그림도 넣을까도 고민했지만, 간단하고 실용적으로 만들기 위해 제외했다. 만약 프로젝트 기간을 길게 잡고 등교 수업 상황이었다면, 그림도 그려 넣을 수 있지 않았을까 싶다.

2) 속담 사전 만들기 실전

방대한 양의 지식이 담긴 사전을 혼자 만들기는 어렵기 때문에 우리 반 전체가 함께 속담 사전을 만들기로 했다. 온라인 수업 상황이라 종이로는 결과물을 공유할 수 없는데, 어떤 도구로 함께 사전을 만들 수 있을까 고민하다 '오프라인 수업 상황을 온라인 도구로 극복한다!'는 좋은 생각이 떠올랐다. 구글 스프레드시트로 속담 사전을 제작하기로 한 것이다.

  스프레드시트는 마이크로오피스의 엑셀과 같지만 동시에 여러 사람이 하나의 문서를 작성할 수 있으며 탭을 여러 개 만들 수 있다. 사전

구글 스프레드시트로 사전 만들 때 유의할 점   🧑 ♡ 👍 🔖

- 시트별로 구간을 나눠두면 좋습니다. 만약 가나다순으로 배열한다면 ㄱ시트, ㄴ시트…로 나눠 학생들이 입력만 편하게 할 수 있도록 합니다.
- 표의 한 칸이 작으면 문장이 잘릴 수도 있습니다. 표의 칸을 충분히 늘려주세요.

속담 사전

- 스프레드시트는 엑셀처럼 Enter 로 줄 바꾸기 할 수 없습니다. 만약 학생들이 입력을 어려워하면 밴드처럼 학급에서 이용하는 플랫폼에 댓글로 입력하라고 하고, 교사가 스프레드시트로 옮겨가며 정리해줘도 괜찮습니다.
- 기한 내에 매일 학생이 누적해나갈 개수를 정하고, 확인해야 하기 때문에 옆에 따로 기록 날짜와 학생 이름을 적는 칸을 마련해두면 좋습니다.

속담	뜻	사용 예시	적은 날짜	이름
가는 날이 장날	어떤 일을 하려는 데 뜻하지 않는 일을 공교롭게 당함	수학여행을 가려하니까 폭우가 쏟아지네. 가는 날이 장날이네. 에휴~	5/27	이*현
눈 가리고 아웅	얕은 수로 남을 속이려 함	나: 동생아, 내가 빵 안 먹었어. 동생: '눈 가리고 아웅'하네.	5/24	김*현
믿는 도끼에 발등 찍힌다.	믿는 사람에게 배신을 당함	○○아, 너 보 낸다며, 가위 내면 어떡해? 믿는 도끼에 발등 찍혔네	6/1	이*서
세월은 사람을 기다리지 않는다.	시간 낭비를 하지 말라는 뜻	아이고, 내일 개학인데 방학 숙제를 하나도 안 했네! 세월은 날 기다려주지 않는구나	5/29	오*윤

구글 스프레드시트 사용의 장점은 다음과 같습니다.

첫째, 학생들은 서로의 결과물을 실시간으로 공유할 수 있습니다.

실시간으로 공유하면 속담을 적으러 들어올 때마다 다른 친구가 적은 속담을 보면서 자연스럽게 공부할 수 있지요. 내가 찾은 속담을 이미 다른 친구가 입력했다면 겹치지 않게 다른 속담을 찾을 수도 있고요. 같은 속담을 찾았더라도 학생마다 예시가 다르므로, 저는 중복 제한을 두지 않았습니다.

둘째, 수정과 편집이 쉽습니다.

종이 결과물은 오류를 수정하기 어렵습니다. 교사의 체크가 학생의 결과물을 훼손하기도 하고, 수정하려면 학생이 또다시 번거로운 작업을 해야 하지요. 반면 온라인상에서는 교사가 다른 색으로 표시만 해두면 학생이 확인한 다음 깔끔하게 수정할 수 있습니다. 수업 막바지에 학생들이 적은 속담 중 맞춤법이 틀렸거나 예시가 어색한 부분을 찾아 앞서 말한 방법으로 피드백을 했습니다.

셋째, 동시에 같은 파일로 작업이 가능합니다.

다른 구글 독스와 달리 스프레드시트는 다른 사람이 접속한 구역이 표시됩니다. 학생들은 다른 친구가 어디에 속담을 적는 중인지 파악하면서 자신이 기입할 공간을 파악했습니다.

넷째, 결과물을 잃어버릴 위험이 없습니다.

긴 시간 결과물을 모으다 보면 학생들 손에 결과물이 없는 경우가 잦습니다. 이유는 다양하지요. 반려동물 또는 어린 동생이 찢거나 먹어버리는 건 예사고요. 학생들 곁에는 방해 요소가 늘 결과물을 노리고 있습니다. 세계 7대 불가사의마냥 멀쩡하게 잘 있던 결과물이 자연스럽게 사라지기도 합니다. 반면 구글 스프레드시트는 기입 중에 종료해도, 입력한 내용이 그대로 남아 있습니다. 따로 저장하지 않아도 결과물이 안전합니다. 학생의 변명 때문에 교사가 스트레스 받을 일도 없고, 학생의 과제 진도도 바로 파악할 수 있습니다.

의 차례를 나눌 수 있다는 점도 매력적이었다. 우리 반 속담 사전은 간단하게 가나다순으로 분류하기로 했다. 단원이 구성된 8차시가 끝나는 동안, 매일 숙제로 두 개의 속담을 찾아 입력하기로 했다.

속담과 뜻은 책과 인터넷으로 찾고, 예시는 학생들이 직접 상황을 만들어 넣기로 했다. 학생들의 환경이나 흥미, 관심사에 따라 같은 속담에 대한 다양한 상황이 만들어졌다. 학생들은 속담의 뜻에서 실제적인 상황을 잘 생각해냈다. 교과서에 제시된 제한적인 상황보다 학생 본인의 삶에 더 가까운 예시 상황이 많이 만들어졌다. 예를 들어, 동생과의 다툼, 부모님의 잔소리, 친구들과의 일상생활 속 대화에서 속담을 사용할 수 있는 상황을 떠올렸다.

속담에는 풍자성이 있다. 상황을 상상하거나 생각하면 속담을 쓸 수 있는 상황을 풍자적으로 묘사할 수 있다. 온라인 수업으로는 학생의 일상생활을 들여다볼 수 있는 기회가 많지 않지만, 이 속담 사전 만들기를 통해 어떤 스트레스를 받는지, 일상이나 가족 또는 친구에 대한 마음이 어떤지 솔직하게 알아갈 수 있었다.

4. 속담 골든벨

1) 문제 만들기

속담 사전을 마감하고 나니 120개의 속담이 모였다. 매일 열심히 속담을 모은 친구도 있지만 그렇지 않은 친구도 있었다. 속담 공부는 모은 것으로만 끝나지 않는다. 속담을 찾고 기록하는 것에 급급해 다른 친구들이 찾은 속담을 눈여겨보지 않았을 수도 있기 때문이다. 이에 친구들이 입력한 속담도 함께 공부할 수 있도록 프로젝트 마지막에 학급 '속담 골든벨'을 했다.

원래는 속담을 찾으면서 그때그때 공부해나가기로 했지만, 찾은 속담이 많으니 시간을 더 달라고 학생들이 요청해서 일주일의 시간을 더 주었다. 속담 골든벨은 등교 시점에 진행했기 때문에 학생들에게 종이를 나눠주고, 거기에 문제를 내라고 했다. 만약 등교 불가 상황이라면 구글 설문지나 패들렛, 줌의 비공개 채팅으로 문제를 받으면 된다.

'속담 골든벨'의 문제는 학생들이 직접 냈다. 자기가 입력한 속담 내에서 두세 개 정도의 문제를 낸 것이다. 나는 이 중 잘 만들어진 문제만 골라, 파워포인트로 만들었다. 학생들이 문제를 만드는 것이 처음이라면 교사가 예시를 제시해주는 것도 좋은 방법이다. 객관식, 주관식, 빈 칸 채우기, 초성 퀴즈같이 참고할 만한 문제 유형을 다양하게 주면 학생들도 편하게 문제를 만들어낸다.

참고로 문제의 개수는 학생 수와 같다. 최소한 자기가 만든 문제의 정답은 알 테니 모두 공평하게 한 문제는 맞히게 하려는 생각이었다. 속담 사전을 꾸준히 공부한 학생에게는 특별한 보상이 있다고 미리 알려줬더니 학생들도 열심히 공부했다.

2) 문제 풀이하기

속담 골든벨은 교실에서 열었다. 원래의 골든벨은 틀린 즉시 탈락해 다른 문제를 풀 수 없지만, 우리 반 속담 골든벨은 마지막까지 문제를 풀고 맞힌 개수를 파악해 시상했다. 속담 골든벨 덕에 학생들은 자기가 속담을 얼마나 알고 있는지 스스로 평가해볼 수 있었다. 어떤 학생

Q. '고슴도치도 제 새끼는 함함한다'의 뜻은?

① 고슴도치는 새끼를 함부로 해친다.
② 부모는 아이들을 때리면 안 된다.
③ 부모들 눈에는 제 자식이 잘나 보인다.
④ 부모는 제 자식을 위해 희생한다.

> 평소에 많이 들어서 그런지
> 쉽게 맞힐 수 있는 문제였어요!

(답) ③

Q. '팔은 안으로 굽는다'는 속담의 뜻은?

① 가까운 사람에게 마음이 간다.
② 팔은 바깥으로 꺾으면 안 된다.
③ 무엇이든 지나치게 많이 하면 안 좋다.
④ 스스로를 굽히며 겸손해야 한다.

> 다들 정말 그럴 듯하지만 평소에 많이
> 듣던 속담이라 쉽네요.

(답) ①

Q. '무슨 일이든 준비가 되어야 성과를 이룬다'라는 속담에 나오는 동물은?

① 메뚜기   ② 잠자리
③ 매미   ④ 거미

> 뜻을 생각하며 속담을 생각하려 하니
> 좀 어렵네요. 두 번 생각해야 했어요!

(답) ④

Q. '드문드문 걸어도 황소걸음' 이라는 속담을 쓸 수 있는 상황 중 알맞은 것은?

① 단거리 달리기
② 시험공부

> 정말 속담을 잘 생각해야 낼 수
> 있는 고퀄리티 문제예요.

③ 화장실이 급함

④ 충동구매

(답) ②

Q. '구슬이 서 말이라도 꿰어야 보배다'라는 속담은 실천의 중요성을
알려줍니다. 서 말은 우리나라 고유의 단위인데요. 서 말의 양은?

① 약 54L

② 약 16kg

③ 약 43L

> 이걸 맞힌 사람이 있어요? 모두 틀리라고 낸 문제인가요?
> 서 말이 궁금하긴 했는데, 빌런 문제예요. 출제자 너무해!

④ 약 37kg

(답) ③

2
주관식

Q. '아무리 약하고 힘없는 사람이더라도 그 앞에서 너무 까불면 성 낸다'
는 뜻을 가진 속담은?

> 주관식으로 내기 적절한 난이도네요.

(답) 지렁이도 밟으면 꿈틀한다.

Q. '등을 쓰다듬어 준 강아지 발등 문다'라는 말은 이것을 베풀어준
사람으로부터 도리어 해를 당한다는 경우를 비유적으로 이르는
말입니다. 이것은 무엇일까요?

> 어렵지만 조금만 생각하면 답을 추측할 수 있어요.

(답) 은혜

Q. '( ) 싸움에 ( ) 등 터진다'라는 속담에 들어갈 동물을
차례로 쓰세요.

쉬운 문제였는데 살짝 헷갈리기도 했어요. 말할 때도 많이 틀리는 걸 생각하면, 좋은 문제였어요.

(답) 교사/세하

Q. 저는 늘 물건을 잘 잃어버리는데, 찾고 보면 제 가까이에 있더라고요. 하지만 잘 못 찾습니다. 이럴 때 저에게 쓸 수 있는 속담은?

'낫 놓고 기역자도 모른다'와 은근 헷갈릴 수 있어요.

(답) 등잔 밑이 어둡다.

3 빈칸 문제

Q. '다음 속담에서 공통으로 들어갈 말은?

(   ) 자라 똥 된다.

(   ) 뀐 놈이 성낸다.

방귀 자라 똥 된다는 말은 익숙하지 않지만 하나만 알아도 풀 수 있는 문제였어요. 더 공부해야겠어요.

(답) 방귀

Q. '(   ) 비지떡'이라는 속담의 (   )에 알맞은 말은?

① 상한   ② 값싼

③ 냄새나는   ④ 덜 익은

빈칸에 모두 잘 어울리네요. 하지만 답이 보여요.

(답) ②

4 초성 퀴즈

Q. 힘이 약한 집단이 아무리 대항해도 힘 센 집단을 이길 수 없을 때 쓰는 속담은?

ㄷㄱ/ㄱㄹㅇㄹ ㅂㅇ ㅊㄱ

한참 고민했지만 그래도 맞혀서 다행이에요.

(답) 달걀/계란으로 바위 치기

학교에서 문제 푸는 모습

들은 자신이 얼마나 공부를 안 했는지 알 수 있었다고 말했다. 나 역시 골든벨 결과로 학생의 성취도를 파악할 수 있었다.

사실 학생들에게도 이 순간은 매우 떨릴 것이다. '골든벨'의 형식을 빌려 시험 보는 것과 마찬가지이기 때문이다. 최후의 1인을 고르는 형식이라 오히려 더 긴장될 수도 있다. 마음을 졸이는 '문제 풀이' 시간을 '시험'으로 만들지, '게임'으로 만들지는 교사의 노력 여부에 달렸다. 골든벨 문제를 제공할 때, 학생들의 관심도가 높은 캐릭터나 게임 자료를 활용하면 좋다. 좋아하는 캐릭터나 만화의 세계관을 빌려 시험을 게임으로 바꾸는 것이다. 그러면 문제 풀이 전 긴장이 풀리고, 어떤 문제가 나올지 기대하게 된다. 나는 당시 유행 중이던 닌텐도 게임 〈놀러와요, 동물의 숲〉 캐릭터로 문제들을 꾸몄다. 배경부터 캐릭터까지 기존 프레젠테이션 자료에 없어서 '나무위키'에서 다운로드 받거나 음악을 편집하여 활용했다.

온라인 수업으로 속담 골든벨을 하려면? ⃝ ♡ 👍 🔖

필요한 학생 준비물〉 개인 화이트보드, 보드마카, 지우개
선생님 준비물〉 프레젠테이션 파일

줌의 '화면 공유' 기능으로 골든벨 문제가 담긴 파워포인트를 띄워놓고, 학생들은 개인 화이트보드나 스케치북에 정답을 적게 합니다. 이때 학생들의 답을 교사가 바로 파악해야 하므로 화면에 본인의 답이 보이게끔 두꺼운 펜으로 크게 적으라고 지도해야 하지요.

속담 골든벨을 프로그램처럼 만들어서 아이들과 함께 문제를 푸는 방법은 없나요? ⃝ ♡ 👍 🔖

페어덱(Peardeck)이라는 교육용 앱이 있습니다. 선생님이 만든 프리젠테이션을 보며 학생들이 함께 답을 선택하거나 주관식 답을 입력하면서 문제를 해결하는 앱입니다. 크롬의 확장 프로그램으로 설치해 구글 슬라이드 안에서 만든 프리젠테이션에 기능을 넣을 수 있습니다. 교사가 학생들에게 링크를 공유하면 학생이 마음대로 풀어나가는 것이 아니라, 교사가 학생들의 화면을 제어하며 함께 풀 수 있다는 장점이 있습니다. 학생의 답이 교사에게 전달되어 기록으로 남는 것도 장점입니다.

골든벨 제목도 '놀러와요, 속담의 숲'으로 정했다. '동물의 숲' 메인 배경 음악과 함께 편안한 분위기를 만들었다. 첫 화면이 등장할 때 어떤 애니메이션 움직임도, 없었지만 학생들은 배경음악이 들리자 즐거워했다. 다음 페이지에는 문제의 개수만큼 캐릭터를 두고, 학생들이 캐릭터를 하나씩 선택했다. 캐릭터를 클릭할 때마다 새로운 문제가 등장

했다. 문제를 풀면 첫 페이지로 돌아가, 선택하지 않은 캐릭터를 눌렀다. 마지막 문제를 풀 때까지 학생들은 호기심을 보이며 자기가 낸 문제가 나올 때를 기다렸다.

3) 마무리 성찰과 기념 파티

골든벨이 끝난 후 학생들은 전체 프로젝트를 돌아보며 A4 한 장 분량의 원고지에 자유롭게 마무리 성찰을 적었다. 띄어쓰기와 문단 나누기를 잘 생각하도록 하고 싶어 원고지에 글을 쓰게 했다. 학생들의 마무리하는 대로 글을 제출했고, 나는 좋은 글을 학생들에게 읽어줬다. 좋은 글을 뽑는 기준은 '프로젝트 수업 안에서 학생 스스로 개인적인 의미를 만들었는가?' 또는 '솔직하게 반성했는가?'였다.

이어 학생 모두에게 기본적인 보상을 해줬다. 우리가 '속담 사전'을 마무리했고, 속담 골든벨도 성황리에 마쳤다는 것을 기념하는 의미였다. 여름이라 매우 더웠고, 첫 등교 수업과 프로젝트 수업 마무리를 기념하기 위해 생과일주스를 사줬다. 수업을 끝내고 학생들이 원하는 방식으로 마무리 파티를 하는 것은 배움을 긍정적인 기억으로 남기고, 기념하기 위한 것이다. 학생들도 마무리 성찰에서 속담 사전 만들기 수업이 행복한 기억으로 남았다고 이야기했다.

풀어봐요, 속담의 숲

ID: 반성이

속담 골든벨을 위해 공부해야 하는데 사실 많이 하지 못했다. 그리고 문제를 뭘 내야 할지 많이 고민했다. 공부를 안 해서 그런지 많이 틀리기도 했다. 아쉽게도 상품을 얻지 못했지만 재미있는 시간이었다. 선생님께서 센스 있게 동물의 숲으로 수업 자료를 만들어 주셔서 더욱 재미있었던 것 같다. 나는 속담 공부를 다시 해야겠다. 어려운 낱말이나 문장의 뜻을 모르기 때문이다. 오늘 내가 푼 속담 문제 중 가장 기억에 남는 것은 '등잔 밑이 어둡다'라는 속담이다. 여태 많이 들어봤는데 뜻을 모르고 있었기 때문이다. 우리 엄마는 다른 나라 분이시기 때문에 엄마에게 속담을 많이 써보고 싶다. 아마 100퍼센트 어리둥절해하실 것이다. 또 동생에게도 써볼 것이다. 동생과 엄마의 반응이 무척 궁금하다.

인상 깊은 프로젝트 수업

ID: 프린스

직접 속담을 찾아 사전을 작성해보고 예시도 만들어 보아서 뜻깊은 수업이었다. 솔직히 요즘 같은 일상에선 거의 사라져가는 속담들을 한층 더 알아가 볼 수 있어서 좋은 프로젝트 수업이었다.
조금 아쉬웠던 점은 외우고 외워도 머릿속에 잘 남아 있지 않았던 것이다. 다음부터는 직접 일상화해서 속담의 풍자성과 우수성을 널리 알리고, 주변에 보급하고 싶다.
외국인들이 한국어를 배울 때에 속담 때문에 힘들다고는 하지만, 영어처럼 우리말도 널리 널리 알려지면 좋겠다. 오랫동안 노력해서 속담 사전을 완성해서 뿌듯하고 성취감을 느꼈다. 앞으로도 이런 프로젝트 수업을 계속해보고 싶다.

특별한 내 문제   ⚆ ♡ 👍 🔖

ID: 문제대왕

오늘 속담 사전 만들기 PBL의 마지막 날이다. 열심히 만든 속담 사전을 보니 뿌듯했고, 속담의 숲을 할 때 많이 못 맞힌 게 아쉬웠고, 구글 스프레드시트로 사전을 만든 게 새로운 경험이어서 참 좋았다.

티끌모아 태산이라는 말이 있는데, 우리의 속담 하나하나가 속담 사전을 만들었다. 속담을 많이 적어준 친구들에게 고마웠다. 속담 공부를 많이 하고 생활 속에서 많이 써먹어야겠다. 내가 낸 문제만 어려웠는지 힌트가 있어서 신기했다. 선생님이 난이도를 조절하기 위해 힌트를 만든 것 같다. 앞으로도 많은 사람들이 속담을 적절히 잘 사용하면 좋겠다.

아쉽지만 참 좋았던 프로젝트 수업   ⚆ ♡ 👍 🔖

ID: PBL좋아

오늘 속담 골든벨까지 하고 '속담 사전 만들기 PBL'이 끝났다. 나도 열심히 일주일간 속담을 올렸고, 그 속담으로 문제까지 만들었다. 골든벨에 내 문제가 나오니 뿌듯하고 좋았다. 아쉬운 것은 네 문제나 틀렸다는 것이다. 또 내가 낸 문제를 친구들이 너무 쉽게 맞혔다는 것이다. 내가 문제를 너무 쉽게 만든 것 같다. 다른 친구들처럼 좋은 문제를 만들었다면 어땠을까? 친구들은 답을 더 오래 생각하거나 '열심히 공부해야겠다'고 반성했을 것이다.

이번 프로젝트 과정은 속담을 알아보고, 뜻을 찾아 올리고, 그 속담들을 공부하는 과정이 힘든 것 하나 없이 재미있고 좋았던 것 같다. 특히 재미있는 속담도 많이 알게 되었다. 일상생활 중에도 많이 쓸 것 같다. 속담 다음에 골든벨을 한다면 공부를 더 열심히 해서 다 맞히고 싶다.

고민이	속담 골든벨 문제를 더 어렵게 낼까, 쉽게 낼까 생각했는데 친구들이 고민하고 모습을 보니 잘 낸 것 같다.
울반짱	티끌 모아 태산이라는 속담처럼, 우리가 하나씩 모아 속담 사전을 만들었다!
빅새로이	구글 스프레드시트에 속담을 쓰는 건 새로운 경험이었다.
빅재미	속담이 뭔지 관심도 없었는데, 어떤 뜻이 들어 있는지 알게 되니 재미있었다.
비꼬지마	속담을 써서 비꼬는 예시를 많이 들었다. 풍자성이 이런 건가?
동숲 매니아	어려운 문제였지만 선생님이 센스 있게, 동물의 숲으로 문제를 꾸며주셔서 좋았다.
우리 반 속담왕	오늘 문제들이 생각보다 쉬워서 반전이었다. 내가 3문제를 틀려서 우승해서 좋았다.
너무해 너무해	친구들이 낸 문제 중에 '빌런 문제'는 아무도 못 풀었다. 질 높은 문제를 내는 것도 중요한 것 같다.
왕뿌듯	골든벨에 내 문제가 등장하니 뿌듯하고 좋았다.
옛것짱	요즘 같은 일상에서 거의 사라져가는 속담들을 한층 더 알아봐서 인상 깊은 프로젝트였다.
한국최고	속담의 풍자성과 우수성을 널리 알리고 싶다.
아직 어렵당	속담은 어렵다. 그러나 더 많이 알아가고 배워나가는 것이 좋은 것 같다.
알겠당	속담이 지루하다고 생각했는데 엄청 쉽고 재미있다는 사실을 알았다.
독서왕	어릴 때 본 속담 책은 매우 어려웠는데, 이젠 이해된다. 실제로 사용해봐야지.

온라인 미술 전시회

수업안

1. 수업 계기

2020년 말, 코로나 감염이 다시 상승 곡선을 그렸다. 그 모습을 바라보고 있자니 이런 생각이 들었다.

'학생들은 어떻게 자신의 감정을 다스리고 있을까? 코로나 블루에서 레드로, 감정이 우울에서 분노로 증폭되고 있는 것은 아닐까? 학생들의 마음은 안녕할까?'

이럴 때일수록 마음을 풍요롭게 가꿔주는 문화생활을 즐겨야 한다는 생각에 교과서 밖 미술 작품을 감상하게 해주고 싶었다.

사실 초등학생들은 미술 작품에 거의 관심이 없다. 미술관이나 전시회에 관심이 있는 학생도 찾아보기 어렵다. 2020년 당시 6학년이었던 우리 반 학생들이 아는 화가는 고흐, 피카소 정도였다. 이에 미술 작품을 바라보며 마음의 평화를 얻을 수 있는 문화인이 되길 바라며 이 수업을 기획했다.

미술 작품에 관심이 없는 만큼, 초등학생들이 즐길 수 있는 문화도 한정적이다. 특히 미술 전시는 그 작품이 전시된 곳에 가야만 볼 수 있다. 게다가 유명한 미술품은 대부분 해외에 있고, 가서 보더라도 외국 해설이 전부다. 학생들이 명화를 접하는 시간도 〈미술〉 교과서를 들여다보는 시간이 전부다. 하지만 관심 없던 분야도 알아보면 재미있

<프로젝트 과정>

① 만들고 싶은 온라인 전시회를 구상하며 계획한다.
② 온라인 전시회에 전시할 작품을 조사한다.
③ 온라인 전시회 제작에 필요한 자료를 준비한다.
④ 온라인 전시회를 제작한다.
⑤ 온라인 전시회를 개최하고 관람한다.

<준비물>

영상 편집 앱 또는 구글 프레젠테이션/, 스마트기기, 전시 자료, 전시회 사전
계획 활동지

<선생님의 조언>

■ 글보다는 그림이, 입체 작품보다는 평면 작품이 전시하기에 수월합니다.
■ 입체 작품을 전시한다면 다각도에서 찍은 사진이나 영상 자료 전시를 추
천합니다. 만약 입체 작품을 영상으로 전시한다면 빠르게 촬영하지 않도
록 해야 합니다.
■ 전시회를 만들 때는 작품을 충분히 감상할 수 있도록 화면 안에 글은 최대
한 배제해야 합니다. 학년에 따라 프레젠테이션 능력이 다르니 어린 학생
들일수록 좋은 프레젠테이션의 예시를 많이 보여주세요.
■ 온라인 전시회에서 학생들은 큐레이터 및 도슨트입니다. 그림을 설명할
때 듣는 사람이 이해하기 쉬운 스토리텔링을 활용하면 좋다는 점을 꼭 알
려주세요.

을 수 있다. 지금 당장 특별히 좋아하는 화가나 작품이 없더라도, 살펴보다 보면 마음에 드는 미술품을 발견할 수도 있다. 미술 작품에 어울리는 클래식 음악을 찾아봄으로써 음악적으로도 한층 성숙할 수 있다. 아이들은 명화나 클래식 음악을 싫어서 즐기지 않는 것이 아니다. 몰라서 즐기지 못하는 것이다.

온라인 미술 전시회 수업은 좋아하는 미술 작가를 선택해 전시회를 꾸미고, 대충 보는 것이 아니라 자세히 해설을 들으며 볼 수 있는 전시회를 만드는 수업이다. 학생들은 자신이 기획한 전시회를 소개하고 설명하는 큐레이터 겸 도슨트 역할을 함께했다.

2. 어떤 점이 좋을까?

1) 영상 편집 경험하기

기승전결이 있는 전시회 영상을 만들려니 조금은 난이도 있는 영상 편집 기술을 익힐 필요가 있었다. 이 수업에서는 나중에 실생활에서 활용할 수 있는 영상 편집 앱을 활용한다. 친구들과 소통하며 좋은 앱을 찾고 다루는 방법을 공유하는 것이다. 모든 아이가 처음부터 영상 편집을 잘하는 것은 아니지만, 다행히 요즘 아이들은 문서보다 영상 편집을 훨씬 잘한다. 문서가 아닌 영상 세대이기 때문이다. 다들 금세 익힌다.

2) 앱으로 재미있게 명화 배우기

먼 나라에 있는 미술 작품까지 재미있게 배울 수 있게 앱을 활용해보자. 구글 '아트앤컬처'를 활용하면 교과서에 실려 있는 몇 작품만이 아니라, 학생들이 관심 있어하는 작가의 덜 알려진 작품들도 찾아볼 수 있다. 또 종이나 화면 크기에 국한되지 않고 크게, 고화질로 감상할 수 있다. 특히 '아트앤컬처'에서 제공하는 다양한 기능을 활용하면 미술 작품에 관심이 없는 학생들도 흥미를 느낀다.

3. 자세히 들여다보기

1) 선호도와 기대감 나타내기

학생들에게 코로나 이후 여가 시간에 무엇을 하는지 물었다. 대부분 모바일 게임 또는 유튜브 영상 시청을 한다고 대답했다. 좋아하는 가수의 음악 듣기라고 답한 친구도 있었다. 이 외의 다른 문화생활을 하는 학생은 없었다. 여기서 확장해서 우리의 문화생활의 폭이 얼마나 좁은지 알아보고 싶었지만, 실제로 코로나 시국에 할 수 있는 일은 거의 없었다. 우리 반 아이들에게 넓은 의미의 문화생활을 열어주고 싶어 실시간 쌍방향 수업 중 학생들에게 세 가지 질문을 던졌다.

평소에 미술관에 자주 가나요?　이 수업이 나에게 도움이 될 것　수업이 재미있을 것 같나요?
　　　　　　　　　　　　　　같나요?

　내 질문에 학생들은 손가락 별점으로 간단하게 대답했다. 손가락 별
점은 교사의 질문에 손가락으로 1부터 5까지 자기 선호도를 밝히는 방
식이다. 학생들에게 손가락 대답을 3초부터 5초 정도 유지해달라고 당
부하고 바로 화면 캡처를 했다. 이렇게 기록해두면 프로젝트가 끝난
후에 아이들의 변화 정도를 알아볼 수 있다.

2) 기획하기

(1) 내가 전시하고 싶은 미술가와 작품 찾기
선호도 조사 결과, 생각보다 학생들의 반응이 긍정적이었다. 학생들은
이 수업이 필요하다고 대답했다. 이에 수업에서 어떤 것을 얻고 싶은
지, 어떤 도움이 될지에 대한 생각을 패들렛에 적게 했다.
　수업에 대한 학생들의 기대감이나 흥미도가 전반적으로 높은 데 반
해, 미술에 대한 사전지식은 별로 없었다. 화가는 알지만 작품은 모르기
도 했고, 〈진주 귀걸이를 한 소녀〉같이 유명한 작품은 화가가 누군지 모
르기도 했다. 학생들에게 자신의 미술 취향을 알 수 있는 다양한 미술품
을 보여주는 게 가장 급한 일이었다. 그래야 선호도에 따라서 '미술 전

"이번 PBL이 끝나면 나는 ~ 한다."				
내가 몰랐던 화가에 대해 많이 안다.	여러 화가의 작품을 감상하며 감정을 느낀다.	온라인으로 간편하게 많은 화가를 안다.	잘 알지 못했던 화가들과 미술 작품을 자세히 안다.	미술에 대한 관심을 기울인다.
평소에 미술관 관람을 지루해했는데 관심을 가지고 좋아한다.	나에게 또 다른 취미가 생긴다.	내가 만든 멋진 온라인 미술관이 생긴다.	내가 어떤 식의 작품을 좋아하는지, 어떤 화풍을 좋아하는지 안다.	다른 친구들이 좋아하는 화가는 누군지 자세히 안다.

시회'를 기획할 수 있을 테니 말이다.

그렇지만 많은 작품을 동시에 감상할 수 있는 곳은 찾기 어려웠다. 값비싼 작품집이나 인터넷 검색으로도 미술 작품을 감상할 수는 있지만, 작품을 고화질로 자세히 들여다보거나 작품 크기를 가늠하기는 어려웠다.

'미술관에 직접 가지 않더라도, 작품을 직접 눈앞에서 보는 것처럼 생생하게 감상할 수는 없을까?'

고민하기 시작했고, 검색 끝에 구글의 '아트앤컬처'를 찾았다.

(2) 구글 '아트앤컬처'로 미술 작품 감상하기

구글 아트앤컬처는 미술 작품과 더불어 세계의 다양한 문화재를 좋은 화질로 감상할 수 있는 사이트다. 온라인으로 세계여행과 미술관 관람이 가능하다. 학생들은 많은 작품 중 마음에 울리는 작품을 선택하고, 마음에 드는 작품을 그린 작가의 다른 작품도 함께 관람했다. 아트앤컬처 앱은 감상을 재미있게 할 수 있는 다양한 기능도 제공한다.

첫 번째 기능은 작품 패러디하기(Art Filter)다. 직접 예술 작품의 일부분이 될 수 있는 기능이다. 셀카가 예술 작품의 일부분이 되는 것이다. 유명한 화가 작품을 재미있게 이해하고, 숨은 요소도 찾을 수 있다. 현재 프리다 칼로의 〈원숭이와 자화상〉, 고흐의 〈자화상〉, 요하네스 베르메르의 〈진주귀걸이를 한 소녀〉 총 세 가지 작품을 패러디할 수 있다.

학생들은 각 작가의 화풍으로 변환된 셀카를 수업 관련 게시글에 댓글로 올렸다. 비슷한 느낌의 작품이지만 어떤 것을 찍었느냐에 따라 작품이 조금씩 달라져 학생들이 매우 재미있어했다. 이때 주의할 점이 있는데, 고학년 학생일수록 아무래도 셀카에 민감할 뿐만 아니라 이 패러디를 친구들을 놀리는 데 사용할 수도 있다는 사실이다. 따라서 이 기능을 사용하기 전에 학생들에게 미리 주의사항을 안내해주는 것이 좋다.

두 번째 기능은 내가 찍은 사진을 명화처럼 만들기(Art transfer)다. 직접 찍은 사진을 고전 예술 작품의 화풍처럼 만들 수 있다. 화가마다 두드러진 작품의 형식(표현 재료, 조형 요소와 조형 원리, 표현 방법과 특징)을 쉽고 직관적으로 이해할 수 있다.

세 번째 기능은 나와 닮은 미술 작품 속 인물 찾기(Art selfie)다. 연예인 닮은꼴 찾기처럼 셀카로 자신과 닮은 미술 작품 속 인물을 찾을 수 있다. 인공지능이 나와 닮은 명화 속의 인물을 찾아주는데 '연예인 닮은꼴 찾기'처럼 닮은 정도가 퍼센트로 표시된다. 정말 닮은 사람이 나올 수도 있고, 전혀 닮지 않은 사람이 나올 수도 있다. 한 사람만 나오는 것이 아니라 다양한 작품의 인물이 나오기 때문에 기존에 알지 못하던 작품에 대해서도 알 수 있다. 또, 규모가 큰 작품의 경우 많은 사

람이 한 작품에 등장하므로 작품 속에서 비중이 크지 않은 사람도 닮은꼴로 나오는 경우가 있다. 자연스럽게 학생들은 하나의 작품을 대충이 아니라 자세히 들여다보았다. 닮은꼴이 있는 작품에 좀 더 관심을 보이기도 했다. 여러모로 미술 작품에 대한 관심과 지식의 범위를 넓히는 좋은 기회로 삼을 만한 기능이었다.

네 번째 기능은 증강현실 기술로 명화를 실제 크기로 감상하기(Art Projector)이다. 가까이 다가가거나 확대하면 작품의 세세한 붓 터치까지 볼 수 있다. 교과서나 책, 인터넷 화면으로 보던 그림을 실제 삶에서 만나는 사물의 크기와 비교하면서 감상하니 학생들은 재미있어하며 놀라워했다.

내가 있는 공간에 나타난 명화를 감상하면서 동시에 음성 녹음도 가능하다. 이 모든 것을 영상으로 저장할 수도 있다. 증강현실로 나타난 미술 작품에 가까이 가면서 이야기를 곁들여 동영상으로 녹화하면 프로젝트 수업의 최종 결과물로도 활용 가능하다. 꽤 많은 명화가 수록되어 있기는 하지만, 가능한 작품이 한정되어서 많은 작품을 다루는 '전시회 만들기 프로젝트'보다는 '전시회 만들기 전' 연습 단계에서 활용해보면 좋겠다.

다섯 번째 기능은 문화재나 유적지에 방문하기(Pocket Gallery)다. 증강현실로 몰입형 갤러리를 걸어 다니며 둘러볼 수 있다. 직접 방문한 것은 아니지만, 내부 곳곳을 확인할 수 있다. 여행이 어려운 시국에 학생들이 랜선으로 유적지를 탐방하기 좋다. 로드 뷰처럼 곳곳을 이동하며 샅샅이 들여다볼 수 있다.

여섯 번째 기능은 색상으로 예술 작품 검색하기(Color Palette)다. 비슷한 색감을 가진 작품을 찾을 때 유용하다. 카메라로 찍은 사진에 나온 색감을 가진 작품을 찾을 수 있다. 좋아하는 색감의 작품을 찾아보면 의미 있는 활동이 된다. 이렇게 다양한 기능으로 미술 작품을 감상하고, 마음에 드는 작품은 갤러리에 수집하게 했다. 갤러리에 모인 작품은 학급 밴드에서 다른 친구들과 공유했다.

3) 탐구 및 개선하기

(1) 자료 조사하기

학생들이 자기가 기획한 '미술 전시회'의 큐레이터가 될 수 있도록 자료를 조사했다. 교실에서는 학생들이 교사가 나눠준 활동지의 빈칸을 해결해나가지만, 온라인 수업 상황에서는 기기 환경에 따라 수업의 질이 좌우된다. 그럼 학생들이 혼란에 빠진다. 온라인 수업 상황에서 학부모들이 애먹는 상황도 비슷하다. 프린터가 없으면 학생들이 학습지를 이용하기 힘든데, 가정에 프린트가 없음에도 학습지를 출력해야 하는 상황이 닥치기 때문이다. 교사가 제공한 파일이 열리지 않는 경우도 많다. 이러한 위험을 최소한으로 줄여주는 학습지가 바로 '라이브워크시트(https://www.liveworksheets.com/)'다.

활동지

라이브워크시트는 말 그대로 살아 있는 활동지다. 종이 활동지와 달리, 소리와 영상을 활용할 수 있다. 선으로 연결하기, 체크하기, 문답하기도 가능하다. 활동지를 만들지 않고, 교과서를 스캔하거나 e-book을 활용해 그 자체를 수업으로 만들기에도 용이하다. 라이브워크시트를 활용하기에 좋은 상황은 크게 세 가지다. 듣기나 영상 자료를 보고 물음에 답해야 하는 수업이나 평가, 학생들에게 객관식이나 단답형 주관식이 아닌 다양한 유형의 문제를 낼 때, 온라인 상황에서 학생들의 시험지를 그대로 보고 싶을 때 등이다. 나는 학생들의 조사 결과를 확인하기 위해 라이브워크시트를 활용했다.

'미술관 큐레이터 되기' 활동지에는 다음과 같은 설명이 들어간다. 학생 각자가 만들고 싶은 '미술가의 생애 및 작품의 특징'과 '미술가를 선정한 이유', '미술관이나 전시회 이름', '전시하고 싶은 작품', '전시회에서 흘러나오면 어울릴 만한 '클래식 배경음악', 여기에 더해 각 작품에 대한 세부 설명까지, 이 활동지를 해결하다 보면 학생들은 저마다 미술 전시 전문가가 된다.

나는 학생들이 제출한 '라이브워크시트' 활동지를 보고, 빠진 부분을 개별적으로 피드백 했다. 우리 반은 네이버 밴드를 사용했기 때문에 밴드 채팅이나 댓글로 개별 활동지를 제공하고, 빠진 부분은 조사시킨 다음 전시회 제작 단계에 들어갔다.

월   일   교과서 64~65쪽

미술관 큐레이터 되기

6 학년 1 반 [   ] 번

이 름 [   ]

평가 관점 : 관심 있는 미술가를 조사하여 이해한 내용을 바탕으로 미술관을 만들어 발표할 수 있나요?

1. 내가 만들고 싶은 미술관의 작가와 그 작품들을 생각하여 적어봅시다.

미술가 이름	레오나르도 다 빈치
미술가의 생애 및 미술 작품 특징	이탈리아의 화가·건축가·조각가(1452~1519). 피렌체의 빈민 출신으로 화가, 군사 토목 고문 등의 경력을 쌓은 후, 프랑스 왕조에 6년간 초빙되었다. 예술 활동에서는 회화에 〈암굴의 성모〉, 〈성모자〉, 〈모나리자〉, 〈최후의 만찬〉 따위를 그렸고, 해부학에서도 큰 업적을 남겼다. 그 외에 천문학, 물리학, 지리학, 토목학, 병기 공학, 생물학 따위에서도 독창적인 연구 및 발명을 하였고 음악에도 뛰어난 소질이 있었다. 예술과 과학에 대한 수기·기록 따위를 남겼으며, 일생을 독신으로 지냈다. (출처: 네이버 국어사전)
이 미술가를 선정한 이유	워낙 유명한 그림도 많이 그렸고 나는 그림만 알 뿐이지 레오나르도 다 빈치에 대해 모르는 게 많아서 선정했다. 그리고 다른 친구들도 레오나르도 다 빈치의 그림만 알 것 같고 이분에 대해서는 잘 모르는 것 같다. 그래서 이번 미술관을 통해 이 분에 대해 알아가고 〈최후의 만찬〉, 〈모나리자〉뿐만이 아닌 다른 그림도 알아보는 시간이 되면 좋겠다.
미술관의 이름 짓기	다 빈치 벤치 미술관
내가 미술관에 전시하고 싶은 작품	① 최후의 만찬 ② 모나리자 ③ 수태고지 ④ 바위 산의 성모 ⑤ 비엘을 연주하는 녹색 옷의 천사 ⑥ 세례 요한

이 박물관에 들려주고 싶은 음악(클래식)	제목	예수, 인간 소망의 기쁨
	이유(빠르기, 박자, 특징 등)	그림이 고급스럽고 종교와 관련된 그림이 많아서 이 클래식 음악을 선택했다. 잔잔하면서 고급진 느낌이 나서 그림과 잘 어울릴 것 같다.

2. 미술관에 전시하고 싶은 그림들을 조사해 봅시다.

1) 작품 제목:

		사용한 도구	
		표현한 내용	
		가장 두드러진 특징	
크기		나의 감상	

라이브워크시트로 제공된 학생들의 활동지

라이브워크시트에서 아쉬운 점은 결과의 보충·수정이 어렵다는 점이다. 오랜 기간 조사할 경우, 학생들이 매일매일 자신이 조사한 만큼의 분량을 저장할 수도 없었다. 이 두 가지 문제를 해결하려면 라이브워크시트에 각자 학생들의 계정을 만들어야 한다. 그러면 학생들이 매일 한 만큼 과제가 저장되고, 기록된다. 그렇지만 사이트 자체가 영어라 계정 만들기가 어려울 수 있다. 따라서 라이브워크시트를 학생들이 간단히 한 차시 내에 할 수 있는 활동지나 평가지로 활용하면 좋을 듯하다. 학생들은 조사 결과를 최종 결과물을 만들 때까지 활용해야 하기 때문에, 교사는 학생들이 보낸 활동지를 PDF로 만들어 학생들에게 다시 제공해야 한다. 만약 다시 수업한다면 학생 개개인에게 구글 문서를 열어주고 조사 결과를 누적할 수 있게끔 할 생각이다.

(2) 전시회 준비하기

서로 조사한 자료를 보고, 바로 만들 수 있는지 학생들이 직접 살펴보게 한다. 이 단계에서 상호 보완도 하고, 어려운 점은 함께 해결해나간다. 나는 학생들의 조사 결과를 확인하고, 필요에 따라 개별 피드백을 해줬다.

온라인 상호평가 방법은 크게 두 가지로 나뉜다.

첫째, 줌 소회의실에서 자기 과정 성찰하기다. 자기가 준비한 온라인 전시회 과정을 친구들과 말로 나눈다. 어려운 점은 친구들과 묻고 답하기로 해결한다. 친구들의 과정을 공유하면서 좋은 점은 자연스럽게 벤치마킹하기 때문에 결과물의 질이 올라간다.

둘째, 구글 설문지로 상호 평가하기다. 객관적인 기준에 따라 상호

① 조사한 내용을 그대로 복사 후 붙여 넣기 한 경우
설명하고 싶은 중요한 내용을 간추린 뒤, 자신만의 언어로 기록하게 합니다.
온라인 전시회를 만들 때는 그대로 붙여 넣지 말고 자기 말로 풀어서 설명하
게 도와줍니다.

② 대충 조사한 경우
같은 화가를 조사한 다른 친구들의 활동지를 참고하게 합니다. 조사할 내용
을 제대로 이해하지 못해 대충 조사한 것일 수도 있습니다. 학생들에게 예시
를 들어 천천히 개별적으로 설명해줍니다.

③ 여섯 작품 이내로 조사하여 작품 수가 적은 경우
학생들이 조사한 작품이 유명한 작품으로 몰리기도 합니다. 이때는 습작 또
는 유명하지 않더라도 '나에게 의미 있는 작품'을 구글 아트앤컬처로 다시
한번 탐색해보게끔 하세요.

④ 감상이 부실한 경우
전시회에는 '큐레이터'의 기획이 가장 중요합니다. 본인의 감상으로 전시회
의 주제와 관점이 정해진다는 것을 알려주세요. 지식적인 측면보다 학생 자
신에게 와닿는 감정을 중심으로 이야기하게 합니다. 자신의 이야기를 적는
것을 어려워한다면 친구들의 의견도 들어보거나, 유튜브 미술 크리에이터의
감상을 들어보는 것도 도움이 됩니다.

평가 하고, 이 결과를 개인에게 돌려준다. 이때 체크리스트법과 함께
자유롭게 쓰는 공간을 마련해 '필요한 것을 친절하고 구체적으로' 피
드백 할 수 있게 해줘야 한다.

이 단계에서 같은 미술가를 선택한 친구들끼리 이야기하게 해주면 좋다. 지금까지는 혼자서 자료를 조사하고 기획했지만 이 단계에서 함께 협업하고자 하는 친구들은 '전시회 제작 단계'를 함께함으로써 '전시회 콜라보레이션'을 할 수 있다.

'전시회 콜라보레이션'은 두 가지 방법이 있다. 첫 번째는 같은 미술가를 선택한 친구들끼리 하나의 전시회를 만들게 하는 방법이다. 똑같은 작품을 여러 방법의 전시하는 것도 괜찮은 방법이지만, 함께 만들면 많은 작품을 자세히 다룰 수 있기 때문이다. 두 번째 방법은 다른 화가의 전시회를 구상한 두 명 이상의 친구가 하나의 주제로 전시회를 합치는 방법이다. 친구A는 '모네 전시회'를 만들고, 친구B는 '르누아르 전시회'를 준비했다. 모네와 르누아르는 둘 다 인상파 화가다. 둘의 공통점인 '빛'이라는 주제로 '전시회 콜라보레이션'을 할도 수 있다.

성공적인 온라인 미술 전시회를 위해서는 내용뿐만 아니라 분위기도 중요하다. 실제 방문하는 전시회에서는 인테리어, 소품, 전시 방법 등이 그 공간의 분위기를 형성하지만 온라인 미술 전시회는 그러기 어렵다. 이에 배경음악으로 분위기를 조성하게 했다.

음악 시간에 무소륵스키의 〈전람회의 그림〉이라는 곡을 감상하면서 작곡가가 그림을 음악으로 만들며 그림에서 의도하는 분위기를 곡의 '빠르기', '조성', '선율'이나 '악기의 음역대'로 나타냈다는 사실을 공부했다. 이 배움을 상기시키면서 학생들에게 전시회에 잘 어울릴만한 클래식 음악을 찾게 했다. 학생들이 접할 기회가 드물고, 클래식과 가까워지기를 바라는 마음으로 전시회의 배경음악은 클래식만 고르도록 한정했다.

온라인 전시회에서 전시장의 공간감을 느끼게 하는 방법은?

중 · 고등학생을 대상으로 한 수업이나, 건축을 적용한다면?

▶ 파워포인트를 이용합니다. 단순히 그림만 나열하는 것보다 더욱 전시회의 분위기와 공간감을 느끼게 할 수 있습니다.

① 공간 구성에 대한 이미지를 종이에 아날로그로 그리게 하거나, 인터넷상에서 자료를 수집해 하나의 그림으로 만듭니다.
② 종이에 그린 공간을 스캔하거나 사진으로 촬영합니다.
③ 프레젠테이션 배경으로 사용합니다.
④ 화면 전환, 하이퍼링크, 애니메이션 설정에 따라 그림을 클릭하면 확대 감상할 수 있게 합니다.
⑤ 설명을 소리나 글로 덧붙입니다.

(3) 전시회 제작하기

전시회 제작 방법은 다양하지만 우리 반 학생들은 영상 제작에 관심이 많았고, 학급 동아리도 '영상 제작부'였다. 영상 제작을 기본으로 각자 원하는 방법으로 전시회를 제작하기로 했다. 단, 함께 전시회를 여는 '전시회 콜라보레이션'을 하는 친구들은 교사가 줌에 소회의실을 열어 함께 토의하며 제작할 수 있도록 도와줬다. 프리젠테이션으로 발표한다면 구글 프레젠테이션 링크로도 만들게 했다. 그렇게 하자 프리젠테이션 제작 단계와 진행 상황을 실시간으로 볼 수 있었다.

학생들이 등교하지 않아도 할 수 있는 동아리 중에서도 아이들이 각자 좋아
하는 것을 향유할 수 있는 동아리를 선정하고 싶었습니다. 이에 '영상 제작'
이라는 방법으로 각자 원하는 유튜브 채널을 운영하기로 했습니다. 오리엔
테이션 때 학생들과 몇 가지 약속을 정한 후, 학부모님께도 알렸습니다.

우리 영상 제작부는
학생들의 바람직하고 긍정적인 영상 및 콘텐츠 향유문화(미디어 리터러시)를
기른다!

우리들이 지켜야 할 영상 제작부의 약속
① 자극적, 선정적이거나 타인을 해하는 영상은 만들지도, 보지도 않아요.
② 내가 만든 영상은 내 자신과 타인, 이 사회에 선한 영향력을 줍니다.
③ 우리는 배우는 중입니다. 다른 사람의 창작물을 비난하거나 욕하지 않아요.

학부모님께 안내
유튜브 채널 개설을 원치 않는 친구들이나 학부모님에게는 학생들의 영상을
담임교사가 대신 업로드하고, 전체 공개가 아니라 해당 링크를 가진 우리 반
친구들만 볼 수 있도록 공개 제한을 걸겠습니다. 그리고 학기가 끝나면 자동
삭제 처리하겠습니다.

4) 친구들 미술관 방문하기

'미술 전시회 만들기' 프로젝트는 결과물을 발표 방법을 열어뒀다. 각
자 자신 있는 방법으로 발표하도록 한 것이다. 실시간 발표에는 자신

제작 방식에 따른 결과물 공유 방법   ⚇ ♡ 👍 🔖

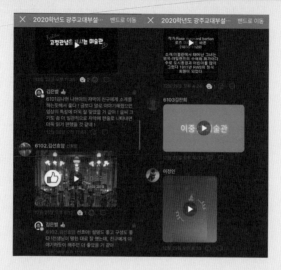

① 학생들이 작품의 사진만 준비해서 생방송으로 전시회를 열고 싶다면?

줌 화면 공유를 통한 발표: 녹화한 다음 학생이 원하는 플랫폼(학급 밴드 등)에 공유합니다.

② 영상을 편집하는 능력이 뛰어난 고학년이라면?

원하는 편집 앱을 사용하여 영상을 제작하고 플랫폼에 바로 올리고 공유합니다.

③ 등교 수업이라 온라인상으로 발표할 수 없다면?

같은 공간에서 거리를 유지하며 태블릿으로 발표한다. 음악 앱으로 배경 음악을 들려주면서 태블릿 구글 '아트 앤 컬처' 갤러리에서 작품을 하나씩 보여주면서 설명합니다. 온라인으로 결과가 남지 않았다고 온라인 미술 전시회가 될 수 없는 것은 아닙니다. 학생들이 태블릿을 통해 전시회를 하고 있으니까요. 그래도 학생들의 영상 공유를 원한다면 다른 친구가 영상을 촬영하는 방법도 좋겠습니다.

완벽하지 않더라도 만족스러운 수업   99

있지만 영상 제작은 어려워하는 학생은 줌 화면 공유로 반 친구들에게 제작한 미술 전시회를 보여줬다. 이때 학생들에게 '화면 공유'를 할 수 있는 권한을 주면 프리젠테이션을 친구들에게 보여주면서 작품을 설명할 수 있다. '컴퓨터 소리 공유'를 함께하면 모두

학생들이 만든
미술 전시회

가 큐레이션하는 학생의 컴퓨터에서 흘러나오는 음악을 들으며 온라인 전시회를 감상할 수 있다. 이 경우에는 교사가 학생의 발표를 부분 녹화한다. 줌은 기록 버튼을 누르고 중지할 때마다 하나의 비디오로 녹화된다. 회의가 끝나면 파일로 저장되니 따로 영상 편집을 하지 않아도 녹화본을 공유하면 많은 사람이 '온라인 전시회'를 즐길 수 있는 것이다. 이 외에 '영상 편집부'라는 동아리에서 갈고 닦은 영상 제작 실력을 발휘하여 멋진 '온라인 전시회'를 만든 친구도 있었다.

결과물 제작 방식이 다양하다면, 교사는 다양한 결과물을 공유할 방법을 고안해내야 한다. 학생들에게 자율성을 많이 부여할수록 교사가 고민해야 할 부분이 많으니 프로젝트 학습 전에 이런 부분을 충분히 고려하고 시작하면 좋을 듯하다.

5) 구글 설문지로 성찰하기

온라인 수업 상황이 계속되면서 마무리 성찰도 온라인 도구로 해야만 했다. 이에 구글 설문지를 활용했다. 구글 설문지의 좋은 점은 각 물음에 따라 학생들의 응답이 집계된다는 것이다. 개별적으로 어떤 응답을

'나만의 미술 전시회 만들기' 마무리 성찰지

물음1) 나의 이름 (단답형)

물음2) 내가 한 이번 PBL에 점수를 준다면? (10점 중에 몇 점?)
10점(5명), 9점(6명), 8점(7명), 7점(2명), 6점(2명), 2점(2명)

물음3) 가장 재미있었던 과정에 체크해보세요. (체크 박스)
- □ PBL 첫 시작에 이 PBL이 끝나고 나는 어떤 의미를 가질지 패들렛에 적어본 활동 (2)
- □ 구글 아트앤컬처에서 다양한 작품을 감상하고, 앱의 기능을 이용해본 활동 (10)
- □ 화가를 정하고, 그 화가의 작품에 대해 조사하여 liveworksheet에 적어본 활동 (9)
- □ 나만의 미술 전시회를 영상으로 제작하고 어울리는 음악을 선택하는 활동 (11)
- □ 친구들의 미술 전시회를 감상하는 활동 (15)
- □ 친구와 협동해서 미술 전시회를 기획한 활동 (3)

물음4) 이 PBL 활동 중 내가 잘한 점, 나를 스스로 칭찬하고 싶은 점을 써보세요.
- 일정에 늦지 않게 만들었다.
- 화가 조사를 꼼꼼히 했다.
- 영상 편집을 정말 잘했다.
- 모든 친구들의 영상을 재미있게 잘 보았다.
- 작품을 구체적으로 잘 설명했다.
- 장기간 프로젝트인만큼 열심히 노력하여 영상 편집을 잘했다.

물음5) 이 PBL 활동 중 내가 가장 어려웠던 점은 어떤 것인가요?
- 어울리는 음악을 찾는 것이 조금 어려웠다.
- 작품의 특징을 조사하는 것
- 영상으로 제작하는 것

물음6) 이 PBL 활동 중 내가 반성할 점은 있었나요?

– 그림을 감상하는 데 자막이 방해하거나 설명이 너무 길었던 것.
– 영상을 더 자세하게 만들어야 했다.
– 미술에 대한 지식이 조금 부족했다.
– 목소리를 녹음할 때 더욱 뚜렷하게 해야 했다.
– 말소리를 녹음하지 않고 자막으로만 처리해버린 것.

물음7) 친구들의 결과물 중 칭찬하고 싶은 친구와 그 이유는?

– 박○진 : 미술관 이름이 흥미롭다.
– 이○인 : 영상이 디테일을 많이 알려줌. 퀄리티가 좋았음. 설명을 잘했음.
– 이○민 : 구체적이고 작품을 잘 조사했음.
– 류○호 : 결과물이 가장 인상 깊었고, 설명을 잘했다. 내가 모르는 것이 있을 때 같은 팀
  으로서 잘 도와줬다.
– 이○현 : 이해가 잘 되도록 미술관을 잘 만들었다.

물음8) 이 PBL이 끝나고 내가 변화한 긍정적인 부분은?

– 화가들을 많이 알게 됐다.
– 마네에 관심이 생겼고, 친구들의 미술 전시회를 보면서 다른 미술가도 알 수 있었다.
– 화가의 그림을 많이 보아서, 이젠 그림을 보면 누가 그렸는지 잘 알 수 있다.
– 원래 클래식을 듣지 않았는데, 이번 활동으로 클래식을 많이 듣게 됐다.
– 르네 마그리트 그림을 찾으면서 초현실주의나 인상주의 화가들을 알게 됐다.
– 영상으로 미술 전시회를 만드니 영상 만드는 기술도 발전했다.

물음9) 자유롭게 하고 싶은 말을 써 보세요.

– 중학교에서도 이런 수업을 하면 좋겠다.

했는지도 알아볼 수 있다. 또 '온라인'이라는 상황 안에서 훨씬 솔직해
질 수 있다. 마무리 성찰 수업 전날, 설문지를 미리 만들어두고 줌 수업
중에 채팅으로 링크를 안내했다.

우리 반 학생들은 이 수업을 계기로 지금껏 관심 없던 명화에 조금
더 다가갔다고 말했다. 6학년 친구들이라 영상이 멋지거나 전문 도슨
트처럼 귀에 쏙쏙 들어오게 설명하지는 못했지만, 적어도 스스로 조사
한 내용은 제대로 이해했다. 다른 친구들의 미술 전시회를 감상하면서
미술 작품에 대해 관심과 흥미도 느꼈다. 미술을 잘 감상하기 위해 음
악을 선별하는 작업에서는 놀랍게도 다양한 클래식 음악이 흘러나왔
다. 아마 학생들은 유튜브에 '잔잔한 클래식'으로 검색했을 테지만, 그
래도 예술을 감상하며 마음의 편안함을 얻은 듯했다.

세계 문제, 함께 해결해요

수업안

1. 수업 계기

행복하고 아름다운 세상을 만들기 위해 우리는 각자의 자리에서 열심히 살아가고 있지만, 그렇다고 세상이 평화로워지지는 않는다. 내 문제 외의 것들에도 관심을 기울이고, 옳은 자세로 행동해야 한다. 전 세계가 한 마을이 된 지 수십 년이 흘렀기에 멀리 떨어진 국가에서 시작된 문제라도 우리나라에 도달하는 데 그리 오랜 시간이 걸리지 않는다. 코로나19를 생각해보자. 중국에서 시작한 이 전염병은 한 달도 되지 않아 온 세계를 뒤덮고 말았다. 그러면서 너무도 당연하던 일상이 완전히 달라졌다.

이번에는 학생들의 시선을 세계로 돌려주고 싶었다. 세계 문제 해결의 첫 단추가 나의 작은 관심이라는 걸 알려주고 싶었다. 코로나 시대에 스웨덴의 환경운동가인 그레타 툰베리처럼 적극적인 활동가는 되지 못하더라도, 자신의 상황에 맞게 사회에 참여하는 방법을 알려주고 싶었다. 그레타 툰베리는 어린 나이에 기후 변화에 심각성을 느끼고 등교를 거부하며 스웨덴 국회의사당 앞에서 1인 시위를 함으로써 유명해졌다.

SNS로 서로 영향을 미치는 세계의 일원으로, 세계 문제를 다른 사람들에게까지 알리게 하고 싶었기에 SNS 홍보 자료로 산출물을 정했다.

<프로젝트 과정>

① 홍보하고 싶은 주제를 정하고 계획을 세운다.

② 탐구 주제를 조사해 제대로 안다.

③ 홍보할 거리를 선택한다.

④ 미리캔버스로 카드 뉴스를 만든다.

⑤ SNS에 올려 홍보한다.

<준비물>

미리캔버스, 스마트기기, 탐구 주제에 대한 조사 자료, 활동지

<선생님의 조언>

■ 미리캔버스를 다루지 못해 어렵다면 미술 시간을 활용해 종이에 그림으로 표현하게 해도 됩니다. 카드 뉴스의 특징을 잘 살린다면 손으로 만든 카드 뉴스도 괜찮습니다.

■ 카드 뉴스는 기사문과 다르게 시각적으로 사람들의 눈에 확 띕니다. 뉴스 지만 광고의 속성을 갖고 있으므로 학생들이 6학년 2학기에 광고와 함께 배운 표현의 적절성을 생각하면서 디자인할 수 있게 해주세요.

■ 영어로 제작하면 우리나라를 넘어서는 SNS 자료가 됩니다. 많은 글이 필요하지 않으니, 초등학생 수준의 영어로도 쉽게 제작할 수 있습니다.

■ 카드 뉴스를 잘 만들기 위해 어떤 점에 주의하면 좋은지 교사가 시범을 보이면 학생들이 만들고 수정하는 과정을 반복하지 않아 좋습니다.

각자 SNS 유저로서 다른 사람들에게 긍정적인 영향을 주는 경험을 해 보게 하고 싶었다. SNS 홍보 자료란 이미지를 기반으로 한 간단한 카드 뉴스를 말한다. 카드 뉴스는 기존 기사문과 다르게, 주된 핵심만을 이미지와 짧은 텍스트로 전한다.

SNS 주 이용자들의 관심사는 가볍고 간단한 내용이다. 사진 한 장이라도 내용이 많으면 보기 귀찮아한다. 따라서 핵심 내용이 담긴 그림이나 사진, 간단한 텍스트로 SNS 이용자들에게 내용을 각인시켜야 한다. 이 카드 뉴스로 우리가 관심을 가져야 할 세계 문제를 홍보하며, 행동을 바꾸기를 촉구하는 시각적인 캠페인까지 연결되는 수업을 계획했다.

2. 어떤 점이 좋을까?

1) 세상과 소통하기

요즘은 어린아이부터 나이가 지긋한 어르신까지 모두 SNS 계정을 갖고 있다. SNS 계정이 없는 사람을 찾아보기 힘들 정도다. 이렇게 많은 사람이 SNS에 자기 일상이나 사회 이슈에 대한 생각을 짤막하게 올린다. 이 수업에서 만들어지는 최종 결과물도 학생들의 SNS에 업로드해 소통할 수 있다. 결과물을 적극적으로 공유하면 다양한 사람과 소통할 수도 있다.

2) 쉽게 만드는 그럴 듯한 결과물

미리캔버스는 저작권 걱정 없이 다양한 템플릿을 사용할 수 있는 디자인 도구다. 간단한 카드 뉴스부터 팸플릿, 멋진 프리젠테이션까지 디자인할 수 있다. 학생들이 온라인으로 작품을 만들 때 그림판이나 파워포인트를 이용하면 색상의 조합이 멋지거나 뛰어난 작품을 만들기 어렵다. 하지만 미리캔버스에서는 표현하고 싶은 키워드를 검색하고, 그와 관련된 템플릿을 수정하기만 해도 좋은 작품이 완성된다. 미술에 재능이 없는 학생도, 파워포인트나 다른 도구를 사용하지 못하는 학생들도 몇 번만 해보면 쉽게 하나의 작품을 만들어낸다.

3. 자세히 들여다보기

1) PBL 만나기

영어 수업 중에 '우리는 지구를 구해야 한다(We should save the earth)'라는 단원이 있다. 이 단원에서 각자 환경오염을 막기 위해 어떤 자세를 취해야 하는지 고민하고 영어로 표현해보았다. 영어 문장으로 나타내는 건 간단하지만 학생들이 환경 문제에 더 생각하

그레타 툰베리
참고 동영상

면 좋을 것 같아서 그레타 툰베리의 연설을 보여줬다. 세계 문제에 어른들만 의견을 낼 수 있는 것은 아니라는 사실도 깨우쳐줬다. 툰베리

처럼 자퇴하고 환경운동가로 나서는 것까지는 아니어도, 세계 문제를 해결하기 위해 우리가 할 수 있는 일을 해보자고 했다. 툰베리의 연설 영상을 보고 자유롭게 자기 생각을 글로 쓰게 해도 좋을 것 같다.

2) 계획하기

(1) 탐구 문제 설정하기

세계 문제에 대해 자유롭게 이야기하면 대부분 자기 관심사를 이야기한다. 강아지를 기르는 학생은 동물의 권리와 안내견 문제를, 외국어에 관심이 많은 학생은 다문화 문제를, 교과서와 뉴스에서 장애인 차별을 인상 깊게 본 학생은 장애인 차별 문제를 이야기한다. 이에 각자 관심 있는 세계 문제가 무엇인지 생각해본 다음 소집단별로 변형된 피라미드 토의를 했다.

피라미드 토의는 개별로 세 개의 주제를 생각한 다음 짝과 의논해 그중 두 개를 선정하고, 다시 소집단별로 모여서 의견 하나를 고르는 방식이다. 쌍방향 수업에서는 짝과 만나기가 어렵기 때문에 간단히 변형해 운영했고 바로 소집단 토의로 들어갔다. 교과서에는 세계 문제라고 한 번에 나와 있지 않고, 사회 문제, 국가 문제, 지구촌 문제로 분류돼 있다. 학생들이 아이디어를 얻는 과정에서는 구분해서 생각하게 했다. 이후 아이디어들을 '세계 문제'로 한데 모았다. 그리고 모둠별로 한 가지를 선택하도록 했다.

(2) 탐구 계획 수립하기

SNS 홍보 자료를 만들기 전에 소집단에서 정한 세계 문제를 정확하게 이해하고 이를 어떻게 해결할 것인지 생각해봐야 한다. 하나의 세계 문제를 제대로 알아가기 위해 조사하고, 프레젠테이션을 만들어 친구들 앞에서 먼저 발표하게끔 했다.

소집단별로 소회의실을 열어주면 이끔이(모둠장, 조장)의 진행 아래 계획부터 세운다. '뉴스 만들기'같이 '탐구 주제'와 '발표하고 싶은 내용'을 정하는 것이다. 그 후, 필요한 자료는 무엇인지, 어떻게 찾을 것인지 의논한다. 모둠원들은 이 계획을 바탕으로 각자의 역할과 자료 조사 기한을 정했다. 이때 줌의 화면 공유 기능으로 함께 표 안을 채워나가면 좋다.

탐구 주제	사회적 약자 지원 '시각 장애 안내견 출입' 문제
내용	최근 **마트에서 '시각 장애 안내 훈련견'과 훈련인이 출입 금지당했다는 뉴스가 보도됐다. 관련법으로 명시가 되어 있으나 사람들은 잘 알지 못하며, 알고 있음에도 불구하고, 식당과 같은 곳에는 손님이 싫어하니 안 들여 보내준다. 법이 있으므로 사람들에게 의무라는 것을 알려주고 싶다. 사람들에게 이 의무를 알릴 수 있는 좋은 아이디어를 생각해내고 싶다. 시각장애인에게 반려견은 눈이다. 당연한 것을 당연하게 하지 못하는 것은 옳지 않다. 공감, 사회의식이 필요하다.
필요한 자료	시각 장애 안내견 관련 법 조항 최근 뉴스나 문제(동영상) 해결 방법: 생각해보기
모둠원 역할	A학생: 발표, 프레젠테이션 만들기 보조 B학생: 발표, 법 조항 찾기, 프레젠테이션 만들기 보조 C학생: 발표, 최근 문제나 관련 뉴스 동영상 찾기 D학생, E학생: 발표, 해결 방법 생각해보기, 프레젠테이션 만들기

① 삽입 탭의 댓글을 클릭한다.

② 오른쪽 창의 입력칸에 교사의 피드백을 적는다.

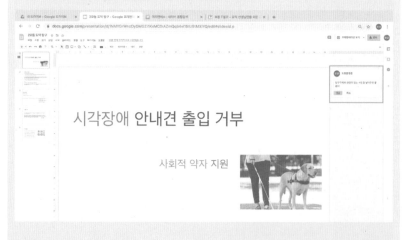

3) 프레젠테이션 만들기

계획을 토대로 직접 프레젠테이션을 만들고 발표를 준비하는 단계다. 교사가 미리 소집단별로 각각 작업할 수 있는 구글 프리젠테이션 링크를 만들어두면 편하다. 마이크로소프트 파워포인트를 이용하면 교사가 진행 단계를 파악하기 어렵다. 그러니 가급적 바로바로 피드백하고 도와줄 수 있게끔 구글 프리젠테이션 사용을 권한다. 학생들이 동시에 하나의 문서를 함께 만들 수 있다는 것도 구글 프리젠테이션의 장점이다.

4) 발표 연습하기

프레젠테이션 완성될 즈음, 학생들에게 스스로 점검하고 보완할 기회를 준다. 교사가 댓글로 적어둔 피드백을 보고, 프레젠테이션을 각자 손보게 하는 것이다. 학생들은 프레젠테이션이 잘됐는지 스스로 파악하기 어려우므로 좋은 프레젠테이션 예시를 보여주는 것이 좋다. 유튜브에 '프레젠테이션'이라고만 검색해도, 좋은 프레젠테이션 만드는 방법과 다양한 예시가 나온다. 소집단별로 좋은 예시 작품을 찾고, 각자 프레젠테이션을 점검하게 하자. 덧붙여 어린 학생들일수록 프레젠테이션에 글을 많이 넣는다. 프레젠테이션은 말로 하는 발표를 보완하고 도와주기 위한 도구라고 미리 알려줘야 한다.

"선생님이 수업할 때 프레젠테이션에 글만 많고, 그림이나 영상이 적으면 어떨까?"

이렇게만 질문해도 바로 알아듣는다.

학생들이 프레젠테이션 제작에 어려움을 느낀다면, 교사가 함께 프리젠테이션을 만드는 것도 좋은 방법이다. 이 수업은 목적은 프레젠테이션 전문가를 만드는 것이 아니기 때문이다. 정말 도움이 필요한 부분만 교사가 조금 도와주면 다음에 똑같은 활동을 할 때, 학생들은 금방 잘해낸다. 모둠을 구성할 때 기능을 잘 다루는 학생들을 적절하게 배치하는 것도 방법이다. 최종 발표 전, 소회의실에서 모둠원들끼리 30분 정도 발표 연습을 해보게 했다. 합을 맞춘다는 생각으로, 원활한 화면 공유와 모둠원이 돌아가며 발표하는 순서를 강조하면 학생들에게 도움이 된다.

5) 공유하기

(1) 발표하기

소회의실 연습을 토대로, 전체 회의실에서 반 친구들에게 발표한다. 연습했더라도 실전에서는 떨리기 마련이다. 학생들이 잘 발표할 수 있도록 격려하고, 끝난 다음에는 칭찬해주자. 발표의 자연스러움보다는

활동지

탐구 주제에 대해 자세히 조사했고, 내용을 잘 전달했는지에 초점을 맞춰 관찰 평가를 해야 한다. 학생들도 상호평가하면서 발표를 들으면 더 좋다. 평가 요소를 미리 알려주는 것도 학생들이 프리젠테이션을 만들고, 수업을 진행하는 데 도움이 된다.

(2) 카드 뉴스 만들기

드디어 많은 사람에게 세계 문제에 대한 해결책을 제안하는 카드 뉴스를 만들 차례다. 미리캔버스라는 디자인 도구로 개개인이 하나씩 홍보 자료를 만들게끔 했다. 지금까지는 모둠이 함께했지만 이제부터는 개인이 스스로 만들어 나가야 한다. 카드 뉴스 만들기에는 전략이 필요하기 때문에 먼저 다양한 예시를 보여줬다. 그리고 만들면서 지켜야 할 사항을 함께 생각해서 정리했다. 그 후 만들기가 끝나면 스스로 지켜야 할 사항에 맞게 잘 만들었는지 자기 평가를 할 수 있게 했다.

미리캔버스로 카드 뉴스 만드는 법은 화면 공유로 처음부터 자세하고 친절하게 시범을 보여줬다. 만들면서 어려운 부분이 있으면 각자 화면 공유로 교사에게 어려운 부분을 물어보게끔 했다. 홍보 자료가 다 만들어진 다음 학급 밴드 게시글에 댓글로 올리고, 원하는 친구들은 개인 SNS에 업로드 했다.

좋은 카드 뉴스를 만드는 방법 5   𐑩 ♡ 👍 🔖

- 핵심 내용은 크게 쓰자. (광고 표현의 적절성 생각하며-크기, 글씨체, 색깔)
- 여러 문장을 쓰지 말자. 간결하게 쓰고, 글자가 줄 바꾸기로 끊기지 않게 하자.
- 글자 정렬을 잘 맞추자. (가운데 정렬, 좌우 정렬)
- 필요한 시각 자료를 넣자.
- 색과 글꼴을 다양하게 넣지 말자. (색은 세 개)

① www.miricanvas.com에 들어가서 템플릿을 클릭한다.

② 템플릿 크기를 선택하고 "카드 뉴스" 등 원하는 주제를 검색한다.

③ 마음에 드는 템플릿을 선택한다.

④ 텍스트, 그림, 배경 등을 바꾸거나, 원하는 것을 삽입한다.

⑤ 다운로드를 클릭해 원하는 파일로 내려 받는다.

학생 개인 SNS에 업로드한 카드 뉴스

학급 밴드에 올라온 우리 반 학생들의 카드 뉴스

6) 구글 설문지로 마무리

졸업 전날 마무리 성찰을 했기 때문에, 간편하게 설문하는 방식을 선택했다. 우리 모둠과 다른 모둠의 발표에 대한 평가와 SNS 홍보 자료에 대한 자기 평가와 상호 평가를 설문지에 포함시켰다. 교사가 제시한 질문들로 스스로 반성하고, 친구들을 칭찬하고, 객관적으로 바라보게 하려는 의도다.

'우리 모둠원 중 더 열심히 하면 좋을 사람?'이라는 질문은 이간질처럼 보일 수 있지만, 사실 자기 자신을 돌아보라고 넣은 질문이다. 다른 친구들이 '혹시나 나를 그렇게 생각하지 않을까?' 생각하며 반성하고 협업을 돌아보게 하려고 넣은 중요한 질문이었다.

이 프로젝트 수업을 마친 다음날, 우리 아이들이 졸업했다. 초등학교를 졸업하고 중학교에 가면 더 큰 사회를 만난다. 하지만 시간이 지날수록 아이들은 학업에만 몰두하게 된다. 학원에서, 독서실의 내 자리에서 눈앞에 보이는 것만 열중할지도 모른다. 작은 책상에 앉아 있어도, 작은 스마트폰으로 큰 세상의 중요한 것을 마주하며 사유하는 학생들이 되길 바랐다. 내 생각을 바탕으로 정의롭게 행동하는 지식인 말이다. 우리는 홍보 자료 하나 만들었지만 이 작은 경험이 나비 날갯짓일지도. SNS로 선한 영향력을 펼쳐나가는 세계 속 지성인으로 성장하기 바란다.

개인 성찰 질문

질문1) 내가 한 도덕적 탐구 홍보 SNS 카드 만들기 수업에 점수를 준다면? (10점 만점)

10점(5), 9.5점(1), 9점(8), 8점(3), 7점(3), 6점(1), 5점(3), 4점(1)

질문2) 도덕적 탐구 홍보 SNS 카드 만들기 수업이 끝나고 내게 변화가 일어난 것이 있다면 적어주세요.

- 세계 문제나 생활 속의 문제에 더욱 관심을 갖게 됐다.
- 발표 능력이 늘었다.
- 홍보할 일이 있으면 카드 뉴스를 만들어야겠다고 생각했다.
- 내 주변뿐만 아니라 보이지 않는 여러 사람과 처한 환경을 더 잘 이해할 수 있게 된 것 같다.
- 사회 문제에 대해 더 많이 알게 됐다.
- 미리캔버스를 잘 다루게 됐다.

질문3) 수업 과정 중 흥미로웠던 단계는? (체크 박스)

- ☐ 도덕 탐구 주제를 모둠원과 함께 정한 것 (4)
- ☐ 도덕 탐구 주제에 맞게 모둠원과 조사하고 프레젠테이션를 만드는 과정 (8)
- ☐ 도덕 탐구 주제를 친구들 앞에서 줌으로 발표한 것 (5)
- ☐ 도덕 탐구 주제에 맞게 SNS 홍보 카드 뉴스를 미리캔버스로 만든 것 (15)
- ☐ SNS 홍보 카드 뉴스를 실제로 SNS에 올려서 사람들 반응을 얻은 것 (2)

질문4) 수업 활동 중 내가 잘한 점, 나를 스스로 칭찬하고 싶은 점을 써 보세요.

카드 뉴스를 잘 만들었다.
모둠 발표를 정말 잘했다.
여러 자료와 논문을 직접 조사하여 프레젠테이션를 만든 것
친구들과 함께 협력하여 프레젠테이션를 만든 것
프레젠테이션에 글씨를 많이 쓰지 않고 시각 자료로 발표를 이어간 것

질문5) 수업 활동 중에 내가 어려웠던 점은 어떤 것이었나요?

탐구 주제를 모둠원과 함께 정할 때
발표 자료를 찾는 것
미리캔버스를 이용해서 카드 뉴스를 만드는 것

질문6) 이 프로젝트 수업 활동 중에 내가 반성할 점은 있었나요?

프레젠테이션을 부족하게 만든 것 같다.
자료를 풍성하게 찾지 못했다.
모둠 활동에 열심히 참여하지 못했다.
카드 뉴스를 길고 장황하게 만들어서 다음에는 조금 더 간략하게 작성해야겠다.

우리 모둠 평가 질문

질문1) 우리 모둠의 협업 점수(10점 만점에)

질문2) 우리 모둠원 중 칭찬하고 싶은 사람과 그 이유.

-모둠원 모두: 다 잘 참여했다.
김○희: 본인의 일을 열심히 함.
문○호: 모둠을 잘 이끌어 줌.
김○효: 적극적으로 모둠 활동에 참여
김○현: 프레젠테이션을 열심히 잘 만듦
조○우: 모둠원들에게 친절하게 대함.
이○서: 대화를 적극적으로 하며 우리를 잘 이끌었음.

질문3) 우리 모둠원 중 더 열심히 하면 좋겠는 사람과 그 이유.

다 열심히 잘 참여했다.
○○이: 하기 싫다고 했다. 중학교에 가서는 귀차니즘을 극복하면 좋겠다.

상호 평가 질문

질문1) 다른 모둠 발표 중 기억에 남거나 잘 발표한 모둠을 칭찬해 주고 그 이유를 적어주세요.

1모둠: 자료를 눈에 띄게 잘 표현함.
2모둠: 쉽게 풀어서 설명해서 이해가 잘 됨.
3모둠: 조사를 열심히 한 게 느껴짐.
4모둠: '마스크 쓰레기'라는 주제가 신박함.
5모둠: 요즘 핫이슈인 조두순 출소에 대한 조사를 열심히 함.

질문2) 모둠 중 발표에 보완이 필요한 모둠과 그 이유를 적어주세요.

●모둠: 또박또박하게 발표하는 것이 좋겠다.
★모둠: 발표 내용이 조금 부족하다.
◆모둠: 프레젠테이션에 글씨가 너무 많다.

질문3) sns 카드 만들기를 잘한 사람을 추천하고 그 이유를 적어주세요.

박◆진: 카드 뉴스를 잘 꾸미고 눈에 띄게 만듦.
이●인: 한 눈에 잘 들어오게 만듦.
오●윤: 직접 그린 그림을 넣어서 새로움.
이●: 창의적인 카드 뉴스를 만듦.
최●오: 의미를 심플하게 잘 전달함.

질문3) 자유로운 성찰을 적어주세요.

– 평소에 관심이 없었던 세계 문제에 관심을 가진다니 어른이 된 기분이다.
– 매우 흥미로운 활동이었고 친구에게 고마움을 전하고 싶다.
– 카드 뉴스를 이제는 더 잘 만들 수 있다. 다른 사람들에게 많이 알려야지.
– 이번 프로젝트 수업은 정말 재미있었다.
– 졸업 전 친구들과 마지막 협동이 빛나는 프로젝트 수업이었다.
– 우리 모둠 프레젠테이션을 보완하느라 다른 친구들 발표에 신경을 쓰지 못했다. 다음에는 더 잘 들어야겠다.
– 미리캔버스를 이용해 다른 재미있는 것도 해보고 싶다.

두 번째 클래스룸

공간을 넘어
교과의 경계까지 허물다

박오종

처음 교직에 들어온 것은 2007년이었다. 7차 교육과정 막바지로 이미 2007 개정 교육과정이 고시된 후였다. 선생님 소리가 익숙해질 무렵 입대했다. 전역 후 2010년 3월에 다시 학교에 돌아오니 이번에는 2009 개정 교육과정이 고시된다고 했다.

교육과정이 바뀔 때마다 현장은 혼란스럽다. "이번에는 어떤 새로운 교과내용과 교육방법이 들어올까?" 기대하는 사람보다 "또 어떤 말장난으로 우리를 힘들게 할까?" 걱정하는 사람이 더 많다. 그런데 2015 개정 교육과정은 진짜로 뭔가 바뀐 것 같다는 생각이 들었다. 성취기준을 중심으로 지식보다 역량을 강조하는 교육과정의 철학이 총론 전반에서 느껴졌다.

이전에는 공개 수업 후 사후 협의회 시 수업안에 쓰인 단어 하나하나 트집 잡으며 말싸움하는 일이 종종 있었다. '예습 과제'와 '예습적 과제' 중 어떤 단어를 써야 하는지가 뭐 그리 중요하다고 싸웠을까? 예전에는 그게 싫어서 최대한 보수적으로 공개 수업을 구상했다. 공개 수업 분위기가 바뀌기 전까지는 말이다.

어느 순간 성취기준을 근거로 교과서 한 번 보지 않고 이뤄지는 수업들이 우수하다며 보급됐다. 비슷한 주제들을 모아 교육과정을 재구성하고 파격적인 활동을 해도 비난하지 않았다. 오히려 그런 수업을 높이 평가하기 시작했다. 그때 '이거다!' 싶었다. 교과서에는 없지만 아이들에게 필요한 것, 책으로 배우면 재미없지만 직접 해보면 재미있는 것, 찾아서 나오는 지식보다 내 경험에서 우러나오는 노하우가 살아 있는 수업이 하고 싶었고, 할 수 있을 듯했다.

그 무렵 프로젝트 학습에 관심 많은 교장 선생님이 마침 당시 재직 중이던 학교에 새로 부임해왔다. 이에 학교 전체에서 프로젝트 학습을 공부했다. 당시에는 지금보다 프로젝트 학습에 대해 모호하게 이해하고 있을 때라, 지금 생각하면 나도 아이들도 프로젝트 수업이란 무엇인지 함께 배워나간 듯하다. 주제 중심 교육과정과 활동 중심 수업의 중간 형태로 한 학기에 한두 번 수업해보면서 말이다. 이후 교과 전담 교사를 맡은 탓에 프로젝트 학습의 기회가 생기지 않았다. 그러다 2019년, 동학년이 따로 없는 작은 섬 학교로 발령이 났다.

내가 만든 교육과정이 학년 교육과정이자 학급 교육과정이라 이전보다 수업 재량권이 늘어났다. 활동 에너지가 폭발하는 6학년 아이들과 함께 어떻게 수업해야 하나 고민이 많아졌다. 그때 전에 해본 프로젝트 학습이 떠올랐다. 이전보다 좀 더 제대로 된 수업이 하고 싶다는 마음으로 본격적으로 프로젝트 학습을 시작했다. 한 달에 한 가지 정도 주제로 하고 싶은 수업을 다양하게 진행했다. 처음에는 따라오기 벅차하던 학생들도 나중에는 스스로 의견을 냈다.

내가 가는 길이 영 틀리지는 않았구나 싶었지만 그렇게 1년을 보내고 나니 더 이상 새로운 생각이 떠오르지 않았다. 복직하고 10년이니 조금 쉬면서 나를 채우고 싶었다. 그래서 교직생활에 단 한 번 가능하다는 학습연구년제에 지원했다. 여기 선정되면 1년 동안 학교에 출근하지 않고, 원하는 주제를 스스로 연구할 수 있는 여유가 생긴다.

쉽지 않은 경쟁 끝에 최종 선정이 됐다. 처음에는 프로젝트 학습을 연구 주제로 잡고 교육과정 재구성에 초점을 맞춰 연구할 생각이었다. 그런데 급작스럽게 코로나가 터지면서 개학이 연기되고, 원격 수업이 부각됐다. 프로젝트 학습 연구가 동력을 잃고, 의도하지 않게 원격 수업을 연구하게 됐다.

역설적이게도, 원격 수업은 학습의 개별화와 더불어 교육과정 재구성의 필요성을 부각시켰다. 이제 학생들은 같은 공간에서 같은 내용으로 동시에 배우지 않는다. 원격 수업의 도입과 함께 다른 공간에서 각자의 시간에 원하는 것을 배울 수 있다. 국가 교육과정보다 교사 교육과정을 논해야 하는 시대인 셈이다. 교사 교육과정은 성취기준을 근간으로 하는 교사 고유의 교육과정이다. 이전에 교사에게 나만의 교육과정을 만들어보라고 적극 권하던 때가 있었던가?

교사가 주도적으로 구성하는 교육과정의 필요성을 이야기하지만, 시대는 학생을 교육에 중심에 놓으려고 노력한다. 학생 참여 수업에서 학생 중심 수업으로 나가다 못해 이제는 학생 주도성을 논의한다. 학생들이 무엇을 어떻게 배울지 스스로 결정할 수 있어야 한다는 것이다. 교사 교육과정과 학생 주도성. 동전의 양면 같은 이 부분을 어떻게 받아들여야 할까?

프로젝트 학습은 이 질문에 나름의 해답을 보여준다. 국가수준 교육과정 성취기준을 바탕으로 교사가 재구성한 밑그림에 학생이 좋아하는 색으로 칠해나가는 것이 프로젝트 학습이다. 학생 주도 학습이 교사의 주도권 상실로 이어지는 것은 아니다. 교사가 설계한 프로젝트 학습에 학생이 진정한 플레이어가 될 수 있다.

프로젝트 학습을 공부하면서 고민되는 점은 더 있다.

'프로젝트의 주제는 어떤 내용이어야 하는가?'

처음에는 교과서 내용에다 교사로서 내가 원하는 것, 또는 학생이 흥미를 가질 만한 이야기를 넣어서 하나의 주제로 프로젝트 학습을 구성했다. '뉴스 만들기' 프로젝트는 그 대표적인 결과물이다. 먼저 교사가 원하는 영상 만들기를 프로젝트의 뼈대로 삼았다. 거기에 교육과정에서 나오는 뉴스에 대한 이해를 추가했다. 마지막으로 대본 쓰기 활동과 더불어 학생이 관심 있는 이야기로 내용을 채우게끔 지도했다.

모든 수업을 프로젝트로 하기는 현실적으로 어려우므로 선택과 집중이 필요하다. 고민을 거듭하다 또 다른 프로젝트 수업의 주제로 민주시민교육을 정했다. 오늘날 사회는 점점 빠르게 변하고, 개인의 가치는 역시 계속 중요해지고 있다. 다수의 목소리만큼 다양한 목소리도 중요하다. 문제는 대부분의 사람이 적절한 갈등 해소 방법을 몰라 사회적 갈등이 나타난다는 점이다.

우리 아이들은 이 혼란한 시대에, 더 다양한 목소리와 함께 살아가야 한다. 불공정과 혐오를 넘어 가치가 다른 사람들과 함께 연대하고 나아갈 수 있게끔 학생들에게 민주시민의 감수성을 길러주고 싶다. 오늘날 학생 세대에는 원격으로 함께 이야기하고 온라인으로 협업하는 문화가 일상이 될 테니 지금 당장 학교에서 시도할 수 있는 작은 협업과 소통의 에듀테크 활용법도 가르쳐주고 싶다. 앞으로도 내일에 대한 희망을 품고, 다양한 온·오프라인을 넘나드는 프로젝트 수업을 진행할 계획이다.

우리 반 뉴스 만들기

1. 어떤 수업일까?

초등학교 6학년 2학기 〈국어(나)〉 6단원 '정보와 표현 판단하기'는 관심 있는 내용으로 뉴스를 만들고, 아이들이 직접 '우리 반 뉴스 발표회' 활동을 하게끔 구성돼 있다. 총 10차시 중 반 이상(5~10차시)이 뉴스에 관한 내용이다. 기존 단원 지도 계획에서는 뉴스에 나타난 정보의 타당성을 알아보는 법을 배운 뒤 관심 뉴스를 제시된 틀에 맞는 원고로 작성하고, 각자의 역할에 따라 교실에서 발표하고 마친다.

학생들이 이 주제에 좀 더 흥미를 느끼고, 적극적으로 참여하게 만들 방법이 없을지 고민하다 보니 프로젝트 학습이 떠올랐다. 많은 학생이 관심을 지닌 영상 제작과 연계하여 최종 산출물을 뉴스 영상으로 설정하고 프로젝트 학습을 구상했다. 국어 시간만으로는 프로젝트 학습을 구상하기에 시수가 부족할 것 같아서, 미술, 실과에서 연관 지을 수 있는 성취기준을 가져와 시수를 확보했다.

프로젝트 학습이라고 하면 교과서는 던져버리고 아예 새로운 것을 한다고 생각하는 경우가 많은데, 프로젝트 학습도 학습의 한 갈래이기 때문에 교과서 내용으로도 충분히 적용 가능하다. 교육과정에서 고려되지 않은 구성 요소를 보강하고, 학생의 흥미에 맞게 재구성하면 교과서도 멋진 프로젝트의 도구가 될 수 있다. 프로젝트 학습에서 고려

<프로젝트 과정>

① 프로젝트 시작하기

② 뉴스 알아보기

③ 뉴스 구상하기

④ 뉴스 촬영하기

⑤ 영상 편집 익히기

⑥ 뉴스 편집하기

⑦ 뉴스 공유하기

⑧ 성찰하기

<준비물>

스마트기기(스마트폰, 태블릿 또는 노트북)

<선생님의 조언>

학생이 활용할 수 있는 스마트 기기의 형태와 종류가 다양하기 때문에 예상하지 못한 오류나 활용이 어려운 경우가 있습니다. 사전에 학생의 기기를 점검하고 OS와 기기 형태에 따른 활용의 차이점을 숙지하고 있어야 문제가 발생할 때 대처하기 쉽습니다.

[6국02-05] 매체에 따른 다양한 읽기 방법을 이해하고 적절하게 적용하며 읽는다.
[6국01-05] 매체 자료를 활용하여 내용을 효과적으로 발표한다.
[6국03-02] 목적이나 주제에 따라 알맞은 내용과 매체를 선정하여 글을 쓴다.
[6미02-03] 다양한 자료를 활용하여 아이디어와 관련된 표현 내용을 구체화할 수 있다.
[6실04-07] 소프트웨어가 적용된 사례를 찾아보고 우리 생활에 미치는 영향을 이해한다.

해야 할 가장 중요한 부분은 다음과 같다.

- 전문가의 관점에서 사고할 수 있는 역할의 부여
- 역할에 충분히 몰입할 수 있는 실제에 가까운 문제 상황 제시
- 프로젝트 전반에 걸쳐 해결해야 하는 탐구 질문 제시
- 탐구 질문에 따른 학습 과정 계획(학생 주도)
- 탐구 과정을 통해 만들어지는 산출물 설정(학생 선택)
- 산출물의 공유(학교 내부와 외부 모두 가능) 및 비평과 개선
- 학습 성찰을 통한 자기 평가(메타인지)의 기회 제공

대면 수업 상황이더라도 모둠끼리 실제로 뭉치는 대신 스마트기기를 이용해 각자의 자리에서 온라인으로 협업할 수 있도록 에듀테크 플랫폼을 활용했다.

수업 관련 플랫폼과 앱	특징
Google Classroom	구글의 학습관리시스템(LMS)으로 온라인을 통한 과제 부여, 제출, 평가, 피드백이 가능하다. 모든 과정을 개별 학생 단위로 관리할 수 있다. 구글 문서, 잼보드 등 다른 구글 도구와 함께 호환성이 좋아 온라인상에서 사용하기가 편하다. 구글 워크스페이스 계정을 사용하면 클래스룸과 미트를 연동하여 실시간 쌍방향 수업도 진행할 수 있다.
zoom	실시간 쌍방향 수업에서 가장 많이 사용되는 영상 회의 플랫폼이다. 공직자 통합 메일(xxx@korea.kr)로 가입 후 계정을 활성화하면 기본 40분인 회의 시간이 무제한으로 늘어난다. 영상 통화처럼 상대방의 모습을 보면서 화면공유 기능으로 수업 자료를 공유하는 원격 수업이 가능하고, 소회의실 기능을 이용하면 모둠 학습도 할 수 있다.
Google Slides	기존 파워포인트와 성격이 같은 웹 기반 서비스로, 하나의 서식에 다수의 사용자가 동시에 접속해 작업할 수 있다. 크롬에서 구글 클래스룸과 함께 사용하면 과제 부여 및 제출, 피드백까지 한 번에 처리할 수 있다.
Jamboard	오프라인에서 하던, 큰 종이(전지)를 이용하는 모둠 학습(브레인스토밍, 분류하기, 보고서 작성 등)을 온라인에서 가능하게 해주는 협업 도구이다. 포스트잇 기능을 활용해 다양한 아이디어를 공유하거나 사진 자료를 이용해 모둠 보고서를 만들 수도 있다.
Send Anywhere	센드애니웨어는 모바일, 컴퓨터 등의 환경을 가리지 않고 대용량 파일을 간편하게 전송해주는 서비스다. 개인간에는 홈페이지나 앱을 통해 여섯 자리 숫자키만 입력하면 바로 파일 전송이 가능하고 링크를 이용하면 더 많은 사람에게 파일을 전송할 수 있다.
CapCut	TikTok으로 유명한 ByteDance에서 만든 영상 편집 앱이다. 무료인데도 쉽고 간단한 조작으로 고급스러운 필터와 원터치 뷰티 효과 등 다양한 영상 편집 기능을 사용할 수 있으며, 앱 내에서 활용할 수 있는 무료 음악과 글꼴이 많아 고품질의 영상을 손쉽게 만들 수 있다.
edpuzzle	동영상 활용 학습을 행하고자 하는 교사에게 유용한 플랫폼이다. 영상 중간에 학생에게 질문할 내용을 선다형 또는 서술형 문항으로 삽입하여 학생이 응답하도록 할 수 있다. 이밖에도 재생 중 건너뛰기 방지와 진도율 및 응답 관리 등의 기능이 있다.
Flipgrid	유튜브의 밴드 버전이라고 할 수 있다. 교사가 학급을 개설하여 주제를 부여하면 학생들이 주제에 맞는 짧은(10초~10분) 영상을 찍어 업로드한다. 교사의 개별 확인을 거친 뒤 영상을 학급 내부, 또는 외부에 공유할 수도 있다.
BeeCanvas	잼보드와 비슷한 협업 툴로, 유튜브 동영상을 첨부할 수 있고 각 개체에 대해 참여자가 코멘트를 달 수 있으며 화상 통화까지 가능하다.
nearpod	니어팟은 학생의 참여를 획기적으로 늘릴 수 있는 강의 도구이다. 슬라이드 자료에는 동영상은 물론 외부 자료도 손쉽게 넣을 수 있고 개인별 퀴즈, 빈 칸 채우기, 그리기 등 다양한 방법을 통해 학생과 상호작용 할 수 있다. 교실에서는 물론 온라인에서도 강의를 진행할 수 있다.

대표적인 에듀테크 플랫폼과 수업에 사용할 수 있는 앱들

2. 어떻게 수업했을까?

1) 프로젝트 시작하기

(1) 뉴스에 관련된 자기 경험 떠올리기

프로젝트 학습을 할 때도 기본적인 강의식 수업은 필요하다. 우리 반 뉴스 만들기 프로젝트 수업에서도 '뉴스란 무엇인가' 알아보기부터 수업해야 한다. 배경지식 활성화를 위해 뉴스에 관한 경험을 이야기해보는 것도 좋다. 최근에 뉴스를 봤는지, 봤다면 뉴스의 내용은 무엇이었는지, 뉴스를 자주 보는지, 뉴스를 보면 무엇을 알 수 있는지, 이야기하면서 자기 경험에서부터 뉴스에 대해 생각할 기회를 주는 것이다. 이렇게 서로 경험을 이야기하다 보면 자연스럽게 뉴스의 특성을 파악할 수 있다. 학생들은 주로 최근의 코로나19 상황과 관련된 뉴스, 세상을 들썩이게 만든 범죄자가 나온 뉴스 등을 이야기했다.

(2) 뉴스의 특성 알아보기

"왜 어떤 것은 뉴스가 되고 어떤 것은 안 되는걸까?"

아이들이 선뜻 대답하지 못하고 머뭇거리는 게 느껴져 뉴스가 될 만한 것과 그렇지 않은 것을 번갈아 제시했다.

"이건 뉴스가 될까? 아니라면 이유가 뭘까?"

질문하면서 뉴스의 특성에 부합하는 것과 그렇지 않은 것을 판단하는 경험을 통해 '뉴스'란 무엇인지 개념을 학습했다.

뉴스의 특성	적절한 것	적절하지 않은 것
저명성	BTS가 오늘 미국으로 출국했습니다.	우리 엄마가 제주도에 갔습니다.
근접성	국내 한 농가에서 불이 났습니다.	칠레의 한 농가에서 불이 났습니다.
시의성	오늘은 태풍의 영향권에 들겠습니다.	3년 전 오늘 날씨가 맑았습니다.
예외성	오늘 아침 해가 서쪽에서 떴습니다.	오늘 아침에 해가 동쪽에서 떴습니다.
영향성	국내 통신비가 일제히 인상되었습니다.	내 용돈이 올랐습니다.

오늘 밤 TV 뉴스에 나올 만한 내용은?

(3) 질문 던지기

뉴스를 주제로 제시하는 수업에서는 어떤 질문을 던져야 할까? 학생들은 보통 뉴스에 관심이 없다. 주제부터 학생들의 관심과 거리가 있고, 배경지식이 부족해 이해도 쉽지 않기 때문이다. 그래서 학생들에게 우리가 관심 있고, 영향도 받을 만한 주변 이야기로 "내가 기자라면 이 이야기를 어떤 뉴스로 만들어서 우리 지역 사람들에게 보여줄 수 있을까?" 질문을 던졌다. 이렇게 학생들의 관심을 끌고, 전문적인 입장에서 실제로 해결할 수 있는 문제도 제시하며 프로젝트를 시작했다.

탐구 질문도 토의를 거쳐 학생이 주도적으로 결정하는 게 좋지만, 추구하는 수업의 방향이 명확하다면 교사가 질문을 제시할 수도 있다. 예를 들어 '내가 기자라면 우리 지역 사람들에게 어떤 뉴스를 만들어서 보여줄 수 있을까?'라는 탐구 질문을 교사가 던져주고, 그에 따른 프로젝트 과정은 학생에게 선택권을 주어 스스로 계획을 세우게 하는 것이다. 학생에게 선택권을 부여한다는 것은, 교사가 학습의 주도권이 학생에게 있음을 인정함으로써 자기 주도 학습의 기회를 주는 일이다. 이에 학생은 학습에 관심과 흥미를 느낄 뿐만 아니라 책임감도 함께 키울 수 있다.

우리 반 뉴스 만들기 프로젝트 수업의 경우, 문제 상황과 탐구 질문을 교사가 제시하더라도 뉴스 주제나 제작 과정은 모둠에서 직접 계획해야 하므로 학생의 선택권을 충분히 보장할 수 있다.

(4) 모둠 만들기

탐구 질문이 정해지면 모둠을 만들어야 한다. 모둠 만드는 방법은 다양하지만, 뉴스 만들기 수업을 할 때는 다양한 역할이 필요하다는 점을 염두에 두고 구성하는 편이 좋다. 4인 1조를 기준으로, 뉴스를 구성하는 '진행자'와 '기자', 영상을 만들 '편집자(촬영 포함)', 그리고 모둠의 탐구 수행을 점검하고 전체적인 조율과 대본을 완성할 '연출자(PD)'로 역할을 나눈다. 각 역할에 대해 설명하고, 스스로 하고 싶은 역할을 정할 수 있도록 한다. 그리고 역할별로 한 명씩 총 네 명이 한 모둠을 만들게끔 한다.

학생들은 각자 흥미와 특기를 바탕으로, 한 역할에 많은 학생이 쏠리는 현상을 방지하기 위해, 친한 친구와 함께하기 위해 등 다양한 이유로 역할을 선택했다. 내 수업에는 학생이 총 열다섯 명이라 3인 1조로 모둠을 구성하고, 연출자 없이 각자 대본을 작성한 뒤 편집자가 연출을 겸하게 했다. 관심 있는 뉴스 주제에 따라 모둠을 나눌 수도 있지만, 프로젝트 학습에서는 취지에 맞춰 모둠 먼저 편성하고 탐구 주제를 설정하는 것이 일반적이다. 뉴스가 평소 학생들이 관심을 두기 힘든 주제라는 점도 고려했다. 학생들에게 직접 주제를 생각해내라고 했으면 많이 힘들어하지 않았을까 싶다.

모둠을 만든 다음 학생들이 처음으로 마주하는 질문은 '탐구 질문을 어떻게 해결할 것인가'다. 대부분 이 단계에서 혼란스러워하는데, 프로젝트 학습을 거듭할수록 혼란은 줄어든다.

단계별 산출물과 일정까지 정하면 프로젝트 계획이 완성된다. 뉴스 만들기 프로젝트에서는 산출물을 뉴스 영상으로 통일했다. 학생들의 영상 제작 역량을 길러주려는 의도로 결정했는데, 목표로 하는 산출물이 같으니 반 전체가 함께 프로젝트 계획을 세울 수 있었다.

탐구 질문을 해결하려면 무엇을 생각해야 할까?   👤 ♡ 👍 🔖

문제에 따라 다르지만, 기본적으로 검토할 내용을 우리 반 뉴스 만들기 프로젝트에 대입하면 아래 같은 답변이 나와야 한다.

- ☐ 탐구 질문에 대해 무엇을 알고 있는가? (배경지식 확인)
  - ⇨ 뉴스에 대한 배경지식 확인하기
- ☐ 탐구 질문에 대해 무엇을 알아야 하는가? (탐구 내용 설정)
  - ⇨ 뉴스의 짜임, 만드는 방법, 촬영과 편집 방법 탐구하기
- ☐ 알아야 하는 내용을 어떻게 알 수 있는가? (탐구 방법 선택)
  - ⇨ 뉴스 보기, 교과서 탐구, 온라인 검색하기
- ☐ 탐구 질문 해결을 위해 무엇을 할(만들) 것인가? (산출물 결정)
  - ⇨ 뉴스 영상 만들기
- ☐ 산출물을 어떻게 공유하고 평가할 것인가? (결과 공유 및 성찰)
  - ⇨ 우리 반 뉴스 발표회, 성찰 일기 쓰기

---

2) 뉴스 알아보기

(1) 뉴스의 짜임새 알아보기

뉴스의 짜임새는 기본적으로 '진행자의 도입→기자의 보도→기자의 마무리'의 세 단계로 이루어진다. 교육과정에 제시된 뉴스 자료 또는 실제 뉴스를 시청하고 각 장면을 단계별로 나누어 뉴스의 짜임새에 관해 이야기하고 정리하는 것이 일반적인 수업 방법이다. 학생이 주도적으로 탐구할 수 있도록 '뉴스는 어떻게 구성돼 있을까?'라는 질문을 던져 자유로운 탐구를 유도하고, 아이들의 대답을 귀납적으로 정리한다. 프로젝트를 처음 도입할 때 본 뉴스를 다시 보면서 이전에 발견하지 못한 뉴스 구성의 공통점을 찾아보고, 스스로 질문에 답해보면 학생들도 뉴스가 '진행자의 도입→기자의 보도→기자의 마무리'의 형태로 구성됨을 어렵지 않게 유추한다.

(2) 뉴스 제작 과정 살펴보기

막연히 뉴스를 만들어보라고 하면 주제부터 대본까지 어떻게 해야 할지 막막해하는 학생들이 많다. 프로젝트 학습이 처음이라면 특히 더 그럴 것이다. 언제나 적절한 자료를 주고, 어떤 활동을 하는지 안내하는 수업에 익숙해진 학생들에게 열린 질문을 던지면 흔히 일어나는 혼란이다. 이럴 때는 교과서에 나오는 관련 내용을 적극적으로 활용하자. 뉴스 만들기 프로젝트 학습에도 교과서에 나오는 내용이 많다.

뉴스 만들기 과정 알기	어떤 내용을 보도할지 회의 알리려는 내용 취재 뉴스 원고 작성 취재한 내용을 효과적으로 알릴 수 있게 뉴스 영상 편집 뉴스로 보도
상황과 관련 있는 뉴스 주제 생각하기	우리 반 친구들이 관심을 가질 만한 내용일까? 여러 사람이 함께 볼 만한 내용일까? 우리 주변에서 어떤 일이 일어날까? 친구들에게 알려주기에 가치 있는 내용일까?
관심 있는 내용으로 뉴스 만들기	뉴스 주제 정하기 취재 계획 세우기 뉴스 원고 쓰기 원고 확인하기

교과서에 제시된 교수·학습 개요

3) 뉴스 구상하기

모둠 활동에서 가장 공들여야 하는 과정은 어떤 내용을 보도할지 정하는 회의이다.

'내가 기자라면 우리 지역 사람들에게 어떤 뉴스를 만들어서 보여줄 수 있을까?'

이런 탐구 질문을 바탕으로 모둠별 뉴스 영상을 만드는데, 핵심은 영상의 품질이 아니라 뉴스에 담긴 주제의식이기 때문이다. 학생들이 뉴스에 별 관심이 없는 건 자신들과 크게 관련이 없기 때문이다. 실제 뉴스에 나오는 인물, 사건은 학생들과 직접 연결되지 않는다. 게다가 가정과 사회의 보호를 받는 학생들은 다양한 사회 문제를 피부로 느끼기도 쉽지 않다.

결국 학생들이 흥미로워하는 뉴스를 만들려면 우리 반 아이들의 관심사를 파악하고, 지금 우리 반에서 일어나는 일, 우리에게 영향이 있는 사건에 대한 뉴스를 만들어야 한다는 결론에 이르게 된다.

(1) 아이디어 회의하기

모둠별로 뉴스 주제 선정 아이디어 회의를 할 때, 몇 가지 에듀테크 플랫폼을 이용하면 원격 수업에서도 학생들끼리의 상호작용을 촉진할 수 있다. 온라인으로 이뤄지는 모둠 토의랄까. 실시간 쌍방향 수업의 플랫폼이 줌(zoom)이라면 소회의실 기능으로 모둠 활동을 지원할 수 있다.

소회의실을 이용하려면 먼저 줌의 '설정'에서 소회의실 기능을 활성화해야 한다. 줌을 실행하고 설정→일반→더 많은 설정 보기→회의 중(고급)→브레이크아웃 룸을 활성화하자. 이후 줌을 실행하면 화면 공유 버튼 오른쪽에 추가된 소회의실 기능을 확인할 수 있다. 소회의실을 선택하면 몇 개의 소회의실(모둠)을 만들지 정할 수 있다. 모둠원은 자동 또는 수동으로 배정할 수 있고, 학생이 직접 선택하도록 설정할 수도 있다. 교사 역시 각 소회의실에 들어가서 모둠 활동을 관찰할 수 있다. 소회의실 안에서 각자 화면 공유도 할 수 있다.

소회의실 기능을 이용하면 사람 숫자가 줄어들기 때문인지 전체 학생이 참여한 상태에서는 선뜻 발표하지 않던 학생들도 좀 더 활발하게 모둠원과 이야기를 나눈다. 소회의실별로 서너 명만 참여하기 때문에 전체가 이야기할 때보다 오디오가 혼란스럽지 않고 누가 무슨 이야기를 하는지 알아듣기도 쉽다.

실시간 협업 툴 중 구글의 프레젠테이션이나 잼보드(Jamboard) 또는

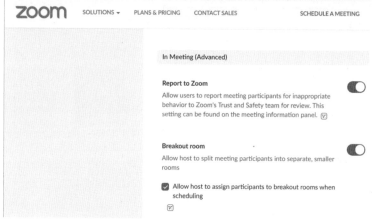

소회의실 만들기와 기능 설정

비캔버스(BeeCanvas)를 이용하면 학생들의 의견을 바로바로 시각적인 문서로도 작성할 수 있다. 단순히 텍스트만 교환하는 것이 아니라, 오프라인 수업에서 전지와 포스트잇으로 브레인스토밍하는 듯한 활동을 온라인에서 고스란히 재현할 수 있는 셈이다. 심지어 이미지와 동영상까지 공유할 수 있다.

구글 클래스룸과 함께 사용하는 상황이라면 잼보드를 추천하다. 잼보드는 현재 구글에서 무료 서비스 중인데, 드라이브 저장 용량을 같이 사용하기 때문에 파일 개수나 저장용량에 구애받지 않고 사용할 수 있다. 2020년의 뉴스 만들기 프로젝트 수업에서도 구글 잼보드를 사용했다. 아이들은 사용법을 몰라 낯설어하다가도 이내 포스트잇으로 활용해 다양한 주제를 브레인스토밍하고, 마음에 드는 주제는 곧장 마인드맵으로 만들어 전달하고자 하는 이야기를 구체화했다. 사진 파일도 첨부하니 곧장 발표까지 가능한 수준의 자료도 만들 수 있었다.

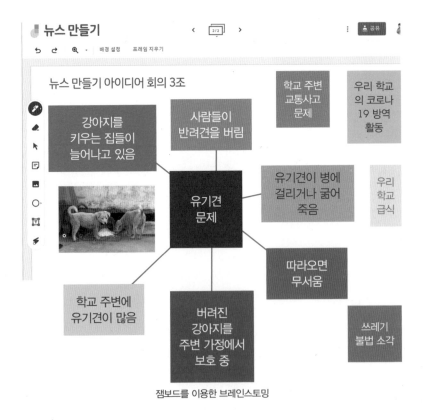

잼보드를 이용한 브레인스토밍

(2) 뉴스 원고 쓰기

학생들끼리 아이디어 회의를 마치고 나면, 정해진 주제를 가지고 뉴스 대본을 쓰게 한다. 오프라인에서만 수업할 때는 앞서 소개한 '진행자의 도입→기자의 보도→기자의 마무리'순으로 뉴스 흐름을 잡고, 각자 맡은 역할에 따라 대본을 만들어서 합치도록 했다. 하지만 온라인으로 수업하자 이런 문제가 단번에 해결됐다. 오프라인과 달리 교과서 활동지에 대본을 적은 다음 모둠별 토의로 대본을 교정하고, 대본을 다시 한곳에 옮겨 적는 수고가 필요하지 않았기 때문이다.

교사가 구글 프레젠테이션으로 파워포인트 형식의 서식을 하나 만들고, 이 서식을 구글 클래스룸에 과제로 제시한다. 과제를 제시할 때는 서식을 함께 첨부하는데, 이미 구글 드라이브에 저장돼 있으므로 별도의 업로드 없이 드라이브만 선택해 바로 추가할 수 있다. 또 파일 옵션에서 '학생별로 사본 제공'을 선택하면 학생들이 파일을 수정하는 순간 새로운 사본으로 저장돼 교사에게 제출되므로 온라인 협업 시 발생하는 다중 이용에 따른 파일 손상 문제를 방지할 수 있다. 교사 또한 별도의 추가 작업 없이 학생 모두에게 사본을 나눠줄 수 있어 편리하다.

학생들은 클래스룸의 과제 파일에 내용을 입력한다. 수정 후 내 과제에서 작성한 파일을 제출하면 교사는 [클래스룸→수업→과제→학생 과제]에서 제출된 과제를 확인할 수 있다. 교사는 비공개 댓글로 학생에게 피드백을 전달할 수 있고, 구글 클래스룸에서 제출 상황을 확인하거나 독촉 메일을 보낼 수도 있다. 평가를 마친 과제는 돌려주기로 학생에게 반환하지만, 파일이 교사의 구글 드라이브에 남아 있기 때문에 나중에 수행평가 자료로 활용할 수도 있다.

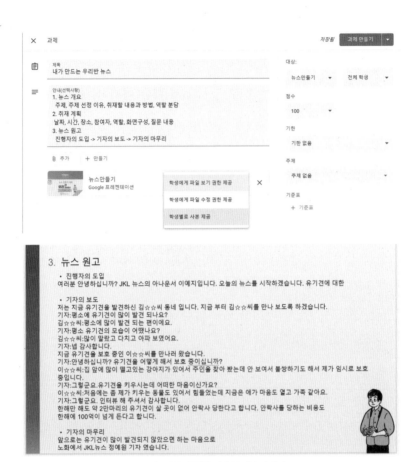

클래스룸을 이용한 과제 부여와 과제물

학생들이 원고를 만들어 제출하면, 교사는 검토한다. 뉴스는 객관성과 자료의 신뢰도가 중요하니 검토하면서 취재 중 인터뷰나 설문조사가 있는지 확인하자. 실제 뉴스라면 인터뷰는 외부 전문가, 자료는 공인된 통계 자료를 사용하겠지만, 프로젝트 수업에서 만드는 우리 반 뉴스에서 그런 식으로 신뢰도를 확보하기란 쉽지 않다. 전문가 인터뷰에 우리 반 친구가 나와서 이야기하면 신뢰도가 떨어지지 않겠는가.

2020년 뉴스 만들기 프로젝트 수업에서도 쓰레기 불법소각 문제를 취재하겠다고 한 모둠이 있었다.

누구를 인터뷰할 생각이니?

우리 모둠 친구가 "불법소각을 하면 안 된다"는 내용으로 인터뷰할 거예요.

그렇게 하면 설득력이 떨어지지 않을까?

왜요?;;

우리 불법소각이 왜 문제인지부터 이야기해볼까?

쓰레기를 정해진 절차에 따라 처리해야 환경이 오염되지 않기 때문입니다!

오~ 똑똑한걸? 그럼 적법한 절차에 따라 쓰레기를 처리하는 곳은 어디일까?

음…… 읍사무소(지자체)요?

그럼 어떤 사람이랑 인터뷰해야 할까?

아하! 읍사무소에 가서 인터뷰해볼게요!

교통사고 문제를 취재하겠다고 한 모둠과도 비슷한 대화를 나눴다.

어떤 내용으로 뉴스를 만들 생각이니?

교통사고요! 교통사고는 위험하니 안전운전을 해야 한다는 게 뉴스 메시지예요.

안전운전에 대해서는 누가 알려주는 걸까?

교통사고를 목격한 친구가 있어요.

친구가 목격한 사고는 누가 처리했대?

경찰이 와서 처리했다고 하던데요?

그럼 경찰이 교통사고 전문가 아닐까?

그렇겠죠?

> 목격자가 말하는 거랑 경찰이 이야기하는 것 중 무엇이 더 설득력 있을까?

아…….

> 그럼 어떤 사람이랑 인터뷰해야 할까?

경찰 아저씨를 인터뷰해볼게요!

학생들이 어른들을 상대로 이런 인터뷰를 하기는 어렵다. 외부 어른들을 인터뷰할 시에는 교사가 도움을 줘야 한다. 위 사례 역시 읍사무소와 경찰서(치안 센터)에 미리 전화로 사전 질문과 방문 시간을 전달하고, 협조를 구해 인터뷰하도록 했다.

4) 뉴스 촬영하기

(1) 촬영 연습하기

기본적인 영상 촬영에도 생각보다 시간이 많이 걸린다. 영상에는 시각적이고 미술적 요소가 포함되는데 구도, 배경, 화면 구성 등이 여기에 포함된다. 그러므로 시간 확보를 위해 관련 교과를 포함해 프로젝트를 구상하는 것이 좋다. 최근 디지털카메라를 이용한 사진 촬영을 다루는 미술 교과서가 많아졌는데, 이 부분을 프로젝트에 적용하는 식이다.

누구나 스마트폰을 가지고 사진과 영상을 찍어본 경험이 있지만, 더욱 수준 높은 촬영을 위해 촬영 방법을 간단하게 실습해보는 것도 좋다. 다만 뉴스 영상임을 고려해 흔들리지 않게 찍는 것이 무엇보다 중요하다. 그러므로 짐벌이나 거치대 등을 활용해야 한다. 인물을 찍을 때는 알맞은 거리에서 전신 또는 상반신을 맞춰서 찍고, 마이크를 활용할 수 없다면 주변 소음이 적은 곳에서 찍으라고 안내하자. 학교 곳곳을 누비며 여러 영상을 찍고, 함께 살펴보며 문제점을 찾는 연습한다면 영상을 빨리 촬영할 수 있을 뿐만 아니라 수준도 높일 수 있다.

(2) 미디어 리터러시 교육

뉴스 만들기 수업과 함께 촬영과 관련해 미디어 리터러시 교육도 함께 하면 좋다. 저작권, 초상권, 불법 촬영 등 뉴스 만들기로는 다양한 미디

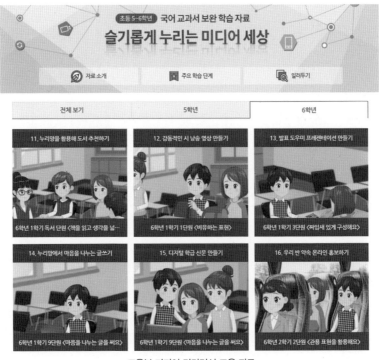

교육부 미디어 리터러시 교육 자료

어 리터러시 교육을 할 수 있다. 더불어 학생들이 직접 뉴스를 만들다 보면 저작권과 초상권을 침해할 위험이 있다.

스마트기기로 전반적인 활동을 하는 만큼 리터러시 교육은 꼭 필요하다고 할 수 있다. 관련된 교육부 자료를 활용해도 좋다. 학년별 관련 단원과 연계해 필요한 미디어 리터러시 교육부 자료는 온라인에서 확인 가능하다. 이 자료로 개별 학습도 가능하므로, 학생들에게 과제로 제시할 수 있다.

(3) 촬영하기

촬영할 때는 원고에 따라 진행자의 도입, 기자의 보도와 마무리로 순서를 나누는 것이 좋다. 가능한 한 편집자의 스마트폰으로 촬영해야 하는데, 그래야 편집할 때 영상의 원본을 주고받는 번거로움이 생기지 않는다.

주의해야 할 점은 이 밖에도 많다. 마이크를 쓸 수 없는 경우에는 주변 소음에 신경을 써야 한다. 주변이 너무 소란스러우면 말소리가 잘 들리지 않기 때문이다. 촬영 시 화면의 흔들림을 막기 위해 스마트폰 거치대 등을 적극적으로 활용하자. 진행자의 도입 부분에서 가상배경을 사용하고자 한다면 실제 촬영에서 단색 배경을 뒤에 두고 촬영해야 한다. 이후 편집 과정에서 실제 배경을 지우고 가상배경을 덮으면 진짜 뉴스처럼 보이는 효과를 줄 수 있다.

2020년처럼 외부 출입이 어려울 때는 크로마키 효과를 아주 유용하게 쓸 수 있다. 크로마키 효과를 이용하면 실제로 방문하지 않고도 가상배경을 이용한 뉴스 촬영이 가능하다는 점과 활용법을 미리 가르쳐

크로마키 합성 전

크로마키 합성 후

주기를 권한다. 참고로, 예시 사진은 2019학년도 수업 때 찍은 것이라 학생들이 마스크를 착용하고 있지 않다.

5) 영상 편집 익히기

처음 역할을 선정할 때 '편집자'를 선택한 학생 중에는 진짜로 영상 편집에 관심이 있거나 이전에 경험해본 아이들도 있지만, 카메라 앞에 서야 하는 '진행자'나 '기자' 역할이 부담스러운 아이도 많다. 따라서 영상 편집에 대해 아예 모르는 아이들을 위해 따로 가르칠 시간이 필요한데, 영상 편집은 교사가 직접 가르치기 어려울 수도 있는데다 이해하고 익히는 데 걸리는 개개인의 시간 편차가 크다.

이럴 때는 도움 영상을 제공하고 가정에서 개별 학습을 할 수 있게끔 안내하자. 참고로, 예전에는 영상 편집 수업에 키네마스터(Kinemaster)를 썼는데, 2020년부터는 캡컷(capcut)을 사용하고 있다. 키네마스터가 고화질 렌더링 기능을 유료 서비스로 전환하는 바람에 대신 캡컷을 써봤는데, 나름 괜찮은 성능에 다양한 효과를 활용할 수 있어서 계속 사용 중이다. 현재는 키네마스터의 고화질 렌더링 기능도 다시 무료로 전환됐다.

영상 편집을 배울 수 있는 영상은 매우 많다. 앱별로 유튜브에 아주 많은 영상이 올라와 있다. 교사는 적당한 영상을 골라 아이들에게 공유하고, 아이들이 추가로 알고 싶어 한다면 스스로 찾아볼 수 있도록 안내해주면 된다. 필수적으로 알아야 하는 학습 내용의 경우, 학생이 영상을 제대로 모두 봤는지 신경 쓰이기 마련이다. e학습터, EBS 온라인 클래스 등 국내 학습관리시스템은 대부분 영상 진도를 확인하거나 플랫폼 내에서 별도의 평가 문항을 만들 수 있지만, 내가 사용하는 구글 클래스룸은 외부 영상을 수업 자료로 제공할 경우 진도 확인이 불가능하다. 따라서 아이들이 영상을 건너뛰거나 재생만 시켜놓고 제대로 보지 않는다면 의미가 없어진다. 에드퍼즐은 이런 문제를 해결할 수 있는 플랫폼이다.

에드퍼즐은 홈페이지(https://edpuzzle.com)에서 가입한 후 크롬 웹스토어에서 크롬 확장프로그램을 검색해 설치 후 사용하면 된다. 크롬

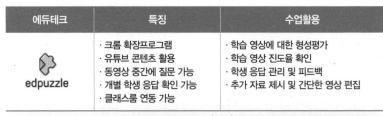

에듀테크	특징	수업활용
edpuzzle	· 크롬 확장프로그램 · 유튜브 콘텐츠 활용 · 동영상 중간에 질문 가능 · 개별 학생 응답 확인 가능 · 클래스룸 연동 가능	· 학습 영상에 대한 형성평가 · 학습 영상 진도율 확인 · 학생 응답 관리 및 피드백 · 추가 자료 제시 및 간단한 영상 편집

확장프로그램으로 설치하면 유튜브 영상을 재생할 때 영상 오른쪽 아래에 영상 편집 버튼이 생긴다.

Edit with edpuzzle 버튼을 클릭하면 에드퍼즐 홈페이지로 이동되며 편집 창이 나타난다. 이 편집 창에서 영상의 앞뒤로 불필요한 부분을 잘라내고 영상의 특정 시점에 교사가 원하는 질문을 넣을 수 있다. 문항은 선다형, 서술형 모두 만들 수 있고, 질문이 아니라 추가 자료를 제시할 수도 있다.

편집한 영상은 에드퍼즐 홈페이지에서 곧바로 구글 클래스룸에 게

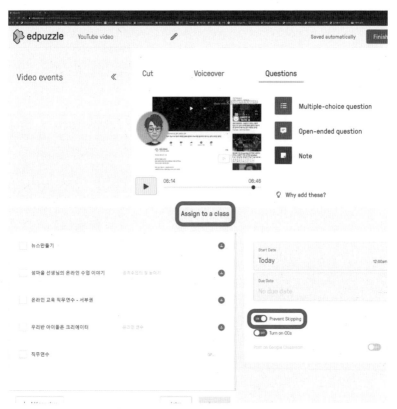

에드퍼즐과 클래스룸 연동, 건너뛰기 방지 설정

시할 수 있다. 이때 영상을 건너뛰지 못하도록 설정하면 학생은 건너뛰지 못하고 교사의 질문에 답하며 쭉 영상을 봐야 한다. 진도와 응답률을 교사가 확인할 수 있고, 각 답변에 코멘트를 남겨 피드백할 수도 있다. 다른 원격 수업 플랫폼에는 외부 자료를 이 정도로 관리할 수 있는 기능이 없는데, 에드퍼즐은 유튜브 영상을 그대로 가져와서 편집하고 질문을 만들 수 있는데다가 지도율 확인과 건너뛰기 방지 기능도 있어 학습 효과를 올려준다.

6) 뉴스 편집하기

영상 촬영을 마치면 촬영분 중에서 편집할 장면을 모아 편집자에게 전달한다. 각자 자신의 영상을 편집할 수도 있지만, 뉴스의 전체적인 통일성을 생각하면 결국 한 사람이 편집하게 된다. 그러므로 모든 촬영은 하나의 스마트폰으로 하는 것을 추천한다. 여러 스마트폰으로 제각각 촬영되면 분명히 파일 공유 문제가 생기기 때문이다. 영상 파일은 생각보다 크기가 커서 공유하기가 번거롭다. 메일을 보내려고 해도 스마트폰에서 첨부하기가 힘들 때도 있고, 클라우드를 이용해도 일정 크기 이상은 공유할 수 없는 경우가 있다. 그렇다고 메신저를 통해 영상을 전송할 경우 원본이 아닌 저화질의 압축된 영상이 전송되기 때문에 원본의 품질을 유지하기 어렵다.

부득이하게 여러 스마트폰으로 촬영할 수밖에 없어 영상을 공유해야 한다면 샌드애니웨어(Send Anywhere)를 추천한다. 파일 크기나 종류 제한 없이 모든 플랫폼에서 사용할 수 있어 간단히 영상을 공유할 수 있다. 모바일에서는 앱을 설치해서 사용할 수 있고, 컴퓨터에서는 회원 가입도 필요 없이 바로 파일을 올릴 수 있다. 받는 사람이 여섯 자리의 숫자 코드만 입력하면 파일을 내려받을 수 있다. 회원 가입을 하면 링크나 이메일로 대용량 파일을 여러 사람에게 동시 전송할 수도 있다.

다시 한 번 말하지만, 영상 편집에는 생각보다 시간이 오래 걸린다. 뉴스에서는 처음 시작할 때 오프닝 타이틀과 시그널 음악이 나온다. 오프닝 관련 소스는 인터넷에 많이 올라와 있어서인지 많은 모둠이 스스로 찾아 넣었다. 오프닝이 끝나면 진행자의 도입이 시작되는데, 이

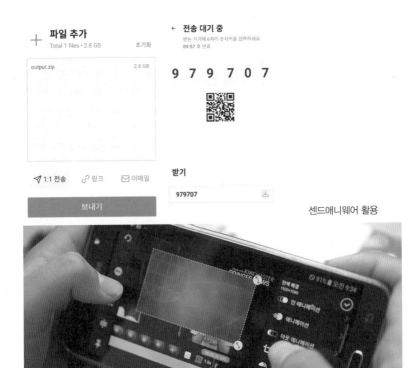

센드애니웨어 활용

스마트폰을 이용한 영상 편집과 완성 화면

때 가상배경 화면 상단에 사진 한 장으로 기자가 보도할 내용의 자료 화면을 보여줬다. 기자의 보도가 시작되면 화면 하단에 인터뷰 내용이 적힌 뉴스 요약 자막을 넣어준다. 이런 요소가 모두 들어가면 영상이 진짜 뉴스처럼 보인다.

요소 하나하나를 편집 과정에서 만들어야 하므로, 시간도 걸리고 시행착오도 겪을 수밖에 없다. 편집이 서툴러 도중에 막막해하기도 하고, 편집을 완성했다고 해서 확인해보면 맞지 않는 부분이 있기도 하다. 따라서 편집은 가능하면 학교에서 하게끔 해야 한다. 학교가 끝나면 곧장 학원에 가는 학생도 많아서 어차피 집에서 해오라고 하기도 어렵긴 하지만.

원격 수업 중일 때는 중간중간 좀 더 자주 확인해서 편집의 오류나 방향성에 대해 조언하는 횟수를 늘려야 한다. 중간 확인을 할 때는 간편하게 메신저를 이용해도 무방하다. 온라인으로 영상을 제출할 때에는 앞서 언급한 샌드애니웨어 사용을 추천한다.

7) 뉴스 공유하기

(1) 영상 공유하기

최종 완성된 영상은 수업 시간에 함께 시청한다. 영상 공유 플랫폼으로는 유튜브보다 플립그리드(Flipgrid)를 추천한다. 플립그리드는 일종의 폐쇄형 유튜브인데, 교사가 주제를 개설하면 영상을 학급 안에서만 공유할 수 있도록 설정할 수 있다. 학생들이 자기 영상을 게시하고, 서로 코멘트를 남겨 평가할 수도 있다.

 기본적으로 학생들은 자기 얼굴을 타인에게 공개하는 것을 부담스러워한다. 그것이 전 세계인이 접속하는 유튜브라면 말할 필요도 없다. 요즘도 가끔 예전 영상을 내려달라는 졸업생들의 연락을 받는데, 그럴 때는 두말하지 않고 바로 내려준다. 이런 문제를 사전에 방지하는 몇 가지 방법 중 첫 번째는 구글 클래스룸에 과제로 영상을 제출시키는 것이다. 이때 첨부 파일이 제출자의 구글 드라이브에 저장되기 때문에 드라이브 용량이 부족하다면 정상적으로 제출되지 않는다. 한 가지 조언을 하자면 구글 워크스페이스(workspace)를 이용하면 교사, 학생 모두 무제한 드라이브 용량을 지원받아 이런 문제를 예방할 수 있다. 대부분의 시도교육청은 학생과 교직원에게 구글 워크스페이스 계정을 발급해준다.

 두 번째 방법은 플립그리드에 접속한 후 회원 가입하고 학급(Group)을 만드는 것이다. 이때 연동하면 구글 클래스룸에 있는 학급을 그대로 가져올 수 있다. 구글 클래스룸과 연동하여 생성된 학급에 들어가서 '학생(students)'란을 확인하면 구글 클래스룸에 등록된 학생들이 그대로 표시된다. 다만 플립그리드에서는 주제(topic)별로 영상을 제출하므로, 선생님이 미리 주제를 설정해놓아야 한다. 주제를 만들 때는 다양한 설정을 추가할 수 있는데 제목, 주제에 대한 설명이나 과제 설명, 도움이 되는 영상 등을 삽입할 수 있다. 이 영상은 직접 제작할 수도, 다양한 플랫폼의 영상을 가져올 수도 있다.

 학생들이 제출한 영상을 교사가 확인한 후 학급에 공유하고 기록 시간을 설정할 수 있다. 제출한 영상에 비디오나 텍스트로 피드백을

새 주제 만들기

주제는 학생들이 비디오를 녹화하는 곳입니다. Discovery를 방문하여 전 세계 교육자들이 공유 한 주제를 살펴보세요!

세부

세부
| 권한
| 글자

• 제목

주제 제목 추가

0/33

• 프롬프트

⟳ ⟲ **B** **I** **U** ✎ ✎

토론을 시작하려면 질문을 추가하세요.

0/1000

미디어

학생들의 참여를 유도 할 수있는 미디어 리소스를 추가하세요.

권한

Google 클래스 룸 그룹 내에서 사용자 지정 주제 권한을 설정할 수 없습니다.

글자

주제 조정
새 동영상과 댓글은 활성화 할 때까지 학생에게 표시되
지 않습니다. 이전에 제출 한 콘텐츠는 활성 상태로 유
지됩니다.
주제에 대해 자세히 알아보세요.

코멘트
학생들은 비디오 및 텍스트 댓글을 사용하여 다른 학생들에게 응답 할
수 있습니다.

비디오 및 텍스트 주석 ⌄

기록 시간

1 분 30 초 ⌄

자막

영어 (미국) ⌄

더 많은 옵션

취소   주제 만들기

플립그리드에서 주제를 새로 만들 때

주거나 댓글을 달도록 허용할 수도 있다. 주제와 관련해 제공할 자료
가 있다면 링크를 추가하면 된다. 플립그리드는 이 밖에도 다양한 기
능을 포함하고 있다.

다양한 기능을 주제에 맞게 설정하고, 주제를 학생에게 게시할 때
도 구글 클래스룸을 이용할 수 있다. 학급(group)을 만들 때 미리 클래

주제(topic)를 만들고 공유 버튼을 클릭하면 나타나는 창

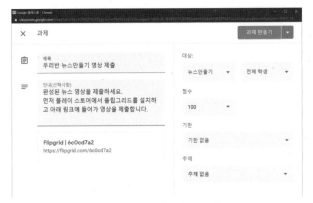

클래스룸에서 과제를 만들 때 볼 수 있는 창

스룸을 추가했다면 공유 옵션 중 구글 클래스룸을 선택하자. 그러면 새로운 창이 뜨면서 클래스룸의 여러 학급 중 주제를 공유할 학급을 선택할 수 있다. 선택 후에는 과제, 질문, 공지, 자료 중 원하는 형태로 클래스룸에 게시할 수 있다. 이후 학생들은 별도로 가입할 필요 없이 클래스룸을 통해 플립그리드에 영상을 제출할 수 있다. 링크를 활용하면 구글 클래스룸이 아닌 다른 플랫폼에서도 사용할 수 있다.

Dec 26, 2020
우리반 뉴스만들기(2020) ✋ 🔲

5 responses · 17 views · 5 comments · 0.5 hours of engagement

우리가 만들고 우리가 보는 우리반 뉴스!
각자 뉴스를 완성하기까지 수고했습니다!
이제 우리가 만든 영상을 함께 공유해보도록 하겠습니다.
자신의 영상을 올려주세요!

Join Code: 6c0cd7a2

Responses (5)

Print QR Codes   Export Data

	Actions ⌄	Name	Date	Comments	Feedback		
☐ 📌		예지 이 6 views	Dec 29, 2020	1 Comment	9/10	Active ⌄	Share
☐ 📌		다인 김 2 views	Dec 29, 2020	1 Comment	10/10	Active ⌄	Share
☐ 📌		효은 손 2 views	Dec 29, 2020	1 Comment	7/10	Active ⌄	Share
☐ 📌		현성 김 4 views	Dec 29, 2020	1 Comment	8/10	Active ⌄	Share
☐ 📌		빛나 박 3 views	Dec 29, 2020	1 Comment	7/10	Active ⌄	Share

플립그리드를 이용한 영상 공유

학생들이 영상을 제출하면 주제(topic) 화면에 영상이 표시된다. 교사의 확인 후 영상이 게시되도록 설정했다면 올라온 영상을 확인하고 활성화(active)시켜주면 된다.

(2) 상호평가하기

상호평가에는 비캔버스(BeeCanvas)를 이용했다. 비캔버스에는 잼보드보다 더 다양한 자료를 게시할 수 있다. 잼보드에는 사진까지만 게시할 수 있는 데 비해 비캔버스에는 검색한 유튜브 동영상도 게시할 수

영상도 잘 찍었고 편집도 잘 했고 자막도 잘 들어갔다. -보석-	우찬이는 이해가 쉽게 편집을 잘했고, 설후는 기자를 잘했다. -샬	우리 반 말고 다른 선생님을 인터뷰하길 잘한 것 같다 -예지-
우찬이가 편집을 잘했다. -예원-	편집자가 자막이랑 오프닝을 잘했다. 김현성	편집하는 우찬이가 자막을 잘 넣어서 뭔가 잘 이해돼요! (설후)	우찬이 편집본은 자막이 보기 좋았다. 명배	인터뷰할 때 자막이 없어서 아쉬웠다. 준이.
자막을 진짜 뉴스처럼 잘 넣어서 좋았지만, 인터뷰할때 자막이 없어서 아쉽다. -효은-	자막이 잘 나와 보기 편했다. -빛나	우찬이가 편집을 잘한 것 같다. -전성하-	인터뷰에 자막이 없어 아쉬웠다 -세라-

비캔버스를 이용한 상호평가

있기 때문이다. 의견을 주고받을 때 일일이 포스트잇이나 텍스트를 개체로 넣지 않아도 해당 게시물에 코멘트를 추가할 수 있어 보다 효과적으로 의견을 전달할 수 있다. 학생들이 각기 다른 공간에서 협업 툴로 작업할 때 가장 큰 문제가 줌 같은 영상 회의 플랫폼을 이용하지 않는 한 화면만 공유할 뿐 서로 의사소통이 어렵다는 점인데, 비캔버스는 자체적인 영상 회의 기능이 있어서 서로 화상을 보며 대화하면서 작업할 수 있다는 장점이 있다.

상호평가는 각 모둠의 영상을 보드에 각각 올려놓고 포스트잇을 활용해 잘된 점과 잘못된 점 등 전반적인 의견을 올리도록 했다. 생각보다 세세한 의견이 많이 나오는데, 이를 토대로 수정 보완의 기회를 제공하면 더 좋은 산출물을 얻을 수 있으며 이것으로 평가를 대신할 수도 있다.

8) 성찰하기

(1) 프로젝트 소감 나누기

뉴스를 공유하고 피드백을 서로 주고받은 다음에는 모둠별로 소감을 나눈다. 모둠원끼리 작업할 때는 놓친 부분을 다른 아이들의 의견으로 듣고, 다시 돌아보면 우리 모둠에서 다룬 내용의 장단점이 드러난다. 소감을 공유하고 생각이 정리되면 프로젝트를 마무리하기 위한 성찰 일기를 작성한다.

(2) 성찰 일기 작성하기

소감을 발표할 때는 농담하며 장난치다가도 각자 성찰 일기를 쓰라고 하면 교실이 단숨에 조용해진다. 그만큼 말로 하는 것과 글로 쓰는 것은 차이가 있다. 성찰 일기를 어려워하는 학생들에게는 몇 가지 관점을 제시해 이를 중심으로 이야기를 쓸 수 있도록 돕자.

학생들의 성찰 일기를 하나하나 살펴보니 처음 역할을 정할 때 무엇을 해야 할지 몰라 막막했다는 이야기도 있었고, 역할을 정하고 모둠을 편성하니 각자 할 일이 정해져 있어서 좋았다는 반응도 있었다. 대부분은 처음 해보는 영상 편집과 뉴스 만들기가 어려웠지만, 선생님의 도움과 모둠원과의 협동으로 잘 극복할 수 있었다는 내용이었고, 새로 알게 된 것과 더 알고 싶은 것을 나름대로 잘 정리했다. 너무 힘들어서 다시 하고 싶지 않다는 학생도 있었지만, 대부분 재미있었다고 했다.

아이들의 성찰 일기를 보며 교사로서의 나와 프로젝트 수업을 반성할 수 있었다. 내 의도대로 잘된 부분은 다음 프로젝트로 이어가겠지

프로젝트 학습 성찰 일기 (예시)

이름: _____

1. 프로젝트 주제에 대한 처음 느낌과 생각

2. 프로젝트를 진행하면서 새롭게 알게 된 점

3. 문제해결 과정에서 어려웠던 점과 해결방법

4. 프로젝트를 마무리하면서 더 알고 싶은 것 또는 하고 싶은 것

5. 프로젝트가 더 재미있고 유익해지기 위해 고쳤으면 하는 점

6. 다음 프로젝트 학습에 기대하는 점

7. 모둠 활동을 하는 동안 칭찬하고 싶었던 모둠원과 이유

8. 이번 프로젝트가 의미 있는 이유

뉴스 만들기 프로젝트 수업 성찰 일기

writer : 손○○

다른 발표 자료나 파워포인트 같은 건 여러 번 해봤어도, 뉴스는 처음 만들어 봐서 잘 만들 수 있을지 걱정되긴 했지만, 선생님이 친절하게 잘 알려주시고 만드는 방법도 생각보다 간단해서 재미있으면서도 새롭고 흥미로웠다. 뉴스를 만들면서 아나운서나 기자, 편집자나 감독이 얼마나 힘든지 알게 되었다. 그리고 편집하면서 크로마키나 다양한 편집 방법을 알게 되었고, 맨날 쓰던 편집 앱의 모르고 있던 기능을 많이 알게 되어서 좋은 경험이었다.

뉴스 만들기 프로젝트를 하면서 어려웠던 점은 교실에서 촬영하다 보니 주변 소리나 친구들 목소리가 들려서 촬영이 어려웠던 일인데 선생님께서 도와주셔서 조용히 촬영할 수 있었다. 편집할 때도 크로마키나 모자이크 같은 새로운 기능을 쓰다 보니까 자꾸 끊기고, 편집하는 데 많은 어려움이 있었지만, 친구들과 인터넷의 도움을 받아서 해결했다. 경찰관 분을 인터뷰하려고 했지만, 안 된다고 하셔서 어려움이 있었다.

뉴스 만들기 프로젝트를 마무리하면서 더 알고 싶은 것은 편집 끝까지 찾지 못한 모자이크와 진짜 뉴스처럼 된 자막을 사용하는 방법이다. 다음에도 뉴스를 만들 기회가 있다면 배경이 깔끔한 곳에서 촬영해서 크로마키도 깔끔하게 해보고 싶고, 진짜 뉴스처럼 꾸며보고도 싶다. 뉴스 만들기 프로젝트가 더 재미있기 위해 고칠 점은 모둠원이 더 많으면 촬영이 더 재미있고 잘 진행될 것 같고, 진짜 전문가들과 인터뷰하면 진짜 뉴스처럼 재밌고 흥미롭게 만들 수 있을 것 같다. 그 밖에도 편집자가 많으면 더 편집이 수월하고 재미있을 것 같다. 예전에는 뉴스를 만드는 게 쉬운 줄 알았는데, 많은 사람의 수고와 노력이 필요하다는 점을 깨닫게 되었다. 다음에도 뉴스를 만들게 되면 훨씬 퀄리티 있고, 수월하게 만들 수 있을 것 같다.

만 어떤 부분에서 부족했는지, 내 의도와 아이들의 이해가 어긋난 지점은 어디인지, 어떻게 하면 아이들이 더 쉽고 즐겁게 목표에 도달할 수 있는지를 파악해 차후의 프로젝트 수업을 위한 수정과 보완을 반복할 생각이다. 이렇게 아이들도 나도 조금씩 성장해나가는 게 아닐까.

학생회 선거로 깨우치는 민주주의

1. 어떤 수업일까?

6학년 〈사회〉 1학기 1단원에서는 '우리나라의 정치 발전'을 공부한다. 우리나라는 민주주의 국가이기 때문에 1단원의 첫 번째 소단원인 '민주주의 발전과 시민 참여'에서는 4·19혁명, 5·18민주화운동, 6월민주항쟁 등 우리나라의 민주주의 발전 과정 중에 발생한 굵직한 사건들을 배운다. 현대사 부분이라 당시 기사나 뉴스 등의 실제 자료가 아직 남아 있고, 이후 관련 기념 행사나 기타 다양한 교육 자료가 많아 충분히 다채로운 수업이 가능하다. 반면 두 번째 소단원 '일상생활과 민주주의 사회'는 앞의 소단원과 달리 민주주의에 대한 지식적인 학습에 머물러 있다는 생각이 들었다. 이 단원은 생활 속 사례로 민주주의의 의미와 중요성을 알아보고, 민주적 절차와 의사 결정의 원리를 배워 문제를 해결하는 구성이다.

　2015 개정교육과정과 국정과제 등을 살펴보면 민주시민교육을 아주 중요하게 다루고 있다. 그럼에도 불구하고 '일상생활과 민주주의 사회' 여전히 문제 해결에만 2차시나 할당하고 있는데다 제시된 문제 상황도 '점심시간 운동장 사용'처럼 우리 학교급에서의 문제를 찾아 해결 과정을 탐색하는 수준이다. 이에 민주주의를 몸으로 경험할 수 있는 프로젝트 학습 구성에 대한 고민이 시작됐다. 고민 중에 학교에서

자주 하지만 그다지 중요하게 다뤄지지는 않던 '선거'를 주제로 프로젝트 학습을 시도해보면 어떨까 싶었다.

선거권 획득 기준이 만 18세로 조정되면서 학교 현장에서는 참정권 교육에 대한 고민이 시작됐다. 어떻게 정치적 중립성을 지키며 '선거'에 대해 가르칠 것인지 다양한 의견이 오갔다. 그동안 초등학교에서는 절차적 민주주의의 경험에만 초점을 맞추고 지도해왔다. 그러다 보니 매 학기 치러지는 학급 반장 선거, 전교 학생회 임원 선거는 바쁜 학기 초에 '휙' 지나가는, 늘 있는 행사이자 일부 인기 학생만의 잔치가 되기 일쑤였다. 학생들에게 민주주의의 꽃인 선거를 새롭게 경험할 기회를 주고, 후보 선택의 새로운 기준을 제시하고 싶었다. 일회성 선거를 통한 형식적 민주주의 교육에서 한발 더 나아가 선거가 일상생활에 미치는 영향에 대해 다시 한 번 생각할 기회를 제공하고 싶었다고 할 수도 있겠다.

6학년 학생들은 사회 수업에서 1945년 해방 이후 1948년 총 선거를 시작으로 우리나라 민주주의 발전 과정에 따른 선거 제도의 변화를 배운다. 이 과정에서 이해한 보통 선거와 직접 선거의 가치를 바로 실천할 수 있게끔 하고 싶었다. 또한 후보의 정책 제안과 공약 이행 여부를 점검하는 메니페스토 활동을 중심으로 다양한 선거 참여 아이디어가 나올 수 있도록 프로젝트를 구상했다. 유권자인 나의 작은 의견을 들어주는 후보를 찾아보고, 공약이 지켜지는 과정을 함께 지켜보는 프로젝트 수업을 구상한 것이다. 이런 과정을 통해 생활 속에서 민주주의를 체험하고 실천할 수 있게끔 만드는 것이 프로젝트의 구성 목표가 되었다.

이번 프로젝트 수업은 앞의 뉴스 만들기와 달리 프로젝트를 구조화한 과정을 구상했다. 프로젝트 학습 구상에서 아래 부분을 중점적으로

<프로젝트 과정>

① 프로젝트 시작하기

② 계획하기

③ 탐구하기 - 내가 가진 한 표에는 어떤 의미가 있을까?

④ 탐구하기 - 공정하고 의미 있는 선거 만들기

⑤ 탐구하기 - 유권자 토론회와 정책 제안

⑥ 제안하기 - 후보자와의 토론회

⑦ 공유하기 - 지지 후보자 성명서 발표하기

⑧ 성찰하기

<준비물>

그림책 《딸기 우유 공약》

<선생님의 조언>

고등학교 교실에 진짜 선거에 대한 정치적 중립이라는 문제가 있다면 초등학교 교실은 교내 선거에 대한 교사의 중립이라는 문제가 있습니다. 교사는 프로젝트의 과정을 충실히 안내하고 학생이 합리적으로 사고할 수 있도록 조언할 수 있지만 각 후보에 대한 판단, 정책에 대한 판단은 철저히 학생의 몫으로 둬서 불필요한 오해를 줄여야 합니다.

고려했다.

첫째, 전문가의 관점에서 사고할 수 있게 역할을 부여하자.

이번 프로젝트에서 학생의 역할을 무엇으로 설정할지 고민이 많았다. 유권자를 전문가의 역할로 보기는 어려웠기 때문이다. 그렇지만 유권자로서 자신의 의견을 대변해줄 대표를 합리적으로 선택하는 것에서 한발 더 나아가 후보자에게 정책을 제시하는 적극적인 의사표현이 가능하리라는 생각에 유권자(주권자)를 학생의 역할로 설정했다.

둘째, 역할에 충분히 몰입할 수 있는, 실제에 가까운 문제 상황을 제시하자.

전교학생회 선출은 어쨌든 학교에서 매 학기마다 일어나는 실제 상황이다. 실제 학교 행사와 수업을 연계하면 참여 동기와 의지가 높아져 학생들이 더욱 몰입하지 않을까 싶었다.

셋째, 프로젝트 전반에 걸쳐 해결할 탐구 질문을 제시하자.

이 프로젝트에서는 "어떻게 하면 우리가 원하는 공약을 실천할 대표를 뽑을 수 있을까?"라는 탐구 질문을 제시했는데, 이 질문에는 학생 자신이 원하는 공약을 생각하고, 실천 가능성을 검토하며, 상대를 설득하는 활동이 함축돼 있다.

넷째, 탐구 질문에 따른 탐구 과정 계획을 세우자.

학급 과정에서는 필수 지식 부분을 탐색하고 선거 계획부터 학생들의 의견을 적극 반영하고자 했다. 기존 선거와 달리 유권자가 후보자에게 공약을 제안하는 활동도 기획했다. 최종 목표는 선거 이후 실제 학생회의에 매니페스토 활동을 반영하는 것이었다. 매니페스토 활동을 간략하게 설명하자면 다음과 같다. 당선된 학생회 임원이 전교학생

[6국01-03] 절차와 규칙을 지키고 근거를 제시하며 토론한다.
[6사05-03] 일상생활에서 경험하는 민주주의 실천 사례를 탐구하여 민주주의의 의미와 주요성을 파악하고, 생활 속에서 민주주의를 실천하는 태도를 기른다.

회 시간에 공약의 실천과정 보고를 회의 순서의 하나로 넣고, 공약사항별 실천 방법과 현재 상황을 점검한다. 마지막으로 공약이 실천되도록 함께 고민하고 독려한다.

다섯째, 탐구 과정으로 만들어지는 산출물을 고려하자.

프로젝트 학습 산출물은 프로젝트의 목적과 동일선상에 있어야 한다. 탐구 질문의 두 핵심 축인 '공약'과 '선출'을 담은 산출물이 무엇일까? 고민 끝에 산출물로 '정책 제안서'와 '지지 성명서'를 정했다. 공약은 제안서 형태로, 토론회를 통해 후보자에게 전달하기 위한 산출물이다. 지지 성명서는 자신이 선택한 후보 선출을 위한 산출물로 설정했다.

여섯째, 산출물을 공유(학교 내부와 외부 모두 가능)한 다음 비평과 개선할 부분을 모두 제시하자.

학생회 임원 선거는 공식 학교 행사다. 그렇기에 학교 구성원 모두와 공유 가능해야 한다. 제안서 작성 시에 설문조사를 하고, 지지 성명서는 게시판에 공유하는 것으로 수업을 계획했다.

일곱째, 학습 성찰을 통한 자기 평가(메타인지)의 기회를 제공하자.

프로젝트 마무리 성찰 활동으로는 선거 수행 보고서 작성을 계획했다. 학생 스스로 선거 과정을 돌아보면서 자신이 제안한 정책, 지지한 후보의 자질과 공약, 선거의 결과를 정리해볼 수 있게끔 말이다. 스스로 정리하고, 느낀 점을 성찰하며 자가 평가를 하고자 했다.

　매번 새로운 방법으로 프로젝트를 구상하는 것은 정말 쉽지 않지만, 이렇게 프로젝트의 구상에 꼭 필요한 요소를 정해놓고 하나씩 생각하면 구조적으로 부족하지 않고, 학습의 실제적 효과를 기대할 수 있는 양질의 프로젝트를 구상할 수 있다.

2. 어떻게 수업했을까?

1) 프로젝트 시작하기

(1) 《딸기 우유 공약》을 읽고 이야기 나누기

최근 초등학교에서는 '한 학기 한 권 읽기', '온 작품 읽기' 등 다양한 독서 방법을 적용하고 있다. 나도 배경지식 활성화와 주제에 대한 문제의식 부여를 위해 프로젝트 주제와 관련된 책을 연결시키고 있다. 이 프로젝트에서는 《딸기 우유 공약》(주니어김영사, 2019)라는 책을 미리 읽혔다. 이 책은 재미있는 공약으로 전교학생회 임원이 되려는 나현이의 이야기다. 책을 통해 자연스럽게, '공약'과 ' 선거운동' 등 프로젝트와 관련된 지식을 쌓고 '딸기 우유를 주는 게 과연 옳은 공약일까?', '무엇이 좋은 공약일까?', '올바른 선거 운동은 무엇일까?'같이 생각할 거리도 던져줬다.

학생들과 마주 보고 자유롭게 이야기하기 어려운 원격 수업에서는 두 가지 선택지가 있다. 첫 번째는 대면 수업과 똑같이 실시간 쌍방향 수업으로 진행하는 방법이다. 두 번째는 줌(zoom)의 소회의실 기능을 이용한 모둠 토의나 플립그리드(flipgrid)를 이용한 북튜버 활동이다. 다인수 학급이라 실시간 쌍방향 발표 수업이 부담스럽거나 개인 발표의 진행이 매끄럽지 않은 상황, 또는 학생들의 너무 소극적인 참여로 발표가 거의 일어나지 않는 상황이라면 두 번째 방법을 추천한다.

딸기 우유 공약! 학생회 선거 특별판	⍩ ♡ 👍 🔖

보경	썸네일에 이끌려 들어왔는데, 책이 더 재미있어 보이네요.
인우	재미있는 책 소개해줘서 고마워~
시후	이번 학생회 선거 전에 꼭 읽어봐야 하는 책!
사랑	나도 저 책 읽어봐야지!
솔희	딸기 우유 공약에 숨겨진 반전 있음.

북튜버는 책(book)과 유튜버의 합성어로 책 소개 영상을 올리는 사람이지만, 모두 같은 책을 읽은 상황에서는 책 소개가 아니라 자신의 소감을 영상으로 남기는 것이 주목적이다. 플립그리드를 이용하면 다인수 학습에서도 학생 개개인의 소감을 나눌 수 있고, 실시간 발표처럼 긴장하지도 않는다. 재촬영이 가능하므로 자신이 하고 싶은 말도 정확히 영상에 담을 수 있다. 코멘트 기능까지 이용하면 자기 생각에 대한 다른 학생들의 반응과 댓글 릴레이를 통한 토의도 가능하다. 댓글 릴레이 토의를 하려면 영상을 사전 과제로 제작하게끔 만들고, 수업에서 영상을 살펴본 다음 의견을 나눌 시간을 확보해야 한다.

(2) 문제 상황 제시

이 프로젝트는 학생회 임원 선거를 후보자 몇몇만 중심으로 흘러가게끔 두지 않고, 유권자(주권자)인 모든 학생을 선거의 주인공으로 만들어 한 표의 소중함을 일깨우면서 정치적 참여를 경험하게끔 하기 위한 프로젝트다. 이에 문제 상황 제시가 꼭 필요했다. 하지만 문제 상황이

문제 상황	ⵙ ♡ 👍 🔖
반장과 회장은 우리의 대표일까, 아니면 리더일까? 선거 때마다 반복되는 다양한 공약은 왜 지켜지지 않을까? 나의 한 표는 그냥 한 표가 아니다. 어른이 되면 우리 반 반장을 뽑는 것처럼 대통령도 뽑을 수 있다. 하지만 우리나라가 그렇게 되기까지 많은 사람의 희생이 있었다. 이렇게 얻은 소중한 한 표를 후회 없이 쓰려면 후보들의 공약을 살펴보고 나아가 내가 원하는 공약을 만들어 제안할 수 있어야 하지 않을까?	

단순히 요약된 텍스트로만 전달되면 힘을 얻을 수 없다.

학생들은 1단원인 '우리나라의 정치 발전'에서 오늘날의 민주주의의 발전 과정 속에서 많은 사람의 희생과 헌신, 아픔이 있었음을 배운다. 그런데 이 프로젝트는 이런 내용을 미처 배우기 전에 시작된다. 그러므로 학생들이 프로젝트에 몰입하려면 교사가 이 간극을 잘 해결해야 한다. "내가 가진 한 표는 그냥 한 표가 아니다"라는 말에 학생들이 몰입하려면 우리나라 민주화운동의 역사를 단편적으로나마 알아야 한다.

4·19혁명에서는 부정 선거가 촉발한 시위로 대통령이 물러났고, 5·18민주화운동은 6월항쟁의 씨앗이 되어 6·29민주화선언으로 이어졌다. 이런 과정을 통해 대통령 직선제도 실현됐다. 각 민주화운동의 면면을 모두 알아보려면 많은 시간이 필요하므로 선거 제도의 변화에 맞춰 대통령 선거가 직선제와 간선제를 오갔던 사정과 대통령 직선제가 갖는 의미를 중심으로 간략하게 요약했다. 이런 설명으로 학생들에게 우리 학교의 리더인 전교 학생회 임원을 직접 뽑는 것이 바로 민주주의의 바탕이 되며, 나의 한 표에 그동안 민주화운동의 역사 속에서 희생된 많은 사람의 피땀이 서려 있음을 깨우쳐주려 했다.

앞서《딸기 우유 공약》을 함께 읽으며 깨달은 공약의 중요성도 학생회 임원 선거 관련 프로젝트 수업의 핵심 키워드로 활용해야 한다. 학교 우유를 단순히 딸기 우유로 바꾸고 싶어 하던 주인공의 생각은 친구와의 대화 끝에 학생들에게 우유의 선택권을 주는, 학생 인권 이야기로 확대됐다. 이에 이 책의 주인공은 자기 공약에 포함된 가치를 분석하고, 실현 방안을 탐색하면서 유권자를 설득한다. 선거운동 문화, 후보자 토론회 장면으로 현재 학교의 선거문화를 꼬집기도 한다.

전교학생회 임원 선거를 프로젝트 학습으로 진행하려면 학생회 업무 담당자와 교감, 교장 선생님에게 알릴 필요가 있다. 학생회와 사전 조율이 필요한 데다 교장, 교감 선생님에게 이를 관리 감독할 의무가 있기 때문이다. 교사의 중립성에 대한 다양한 의견과 염려는, 프로젝트 도입 단계에서 미리 학생들과 충분히 이야기를 나누고 교사가 절대로 특정 후보를 지지하거나 선거에 관여하지 않음을 분명히 함으로써 해결할 수 있다. 이와 관련된 논쟁적 주제를 다룰 때 보이텔스바흐 협약을 참고했다.

전교학생회 임원 선거에 입후보한 학생이 있는 학급, 그 수가 복수인 학급은 의도하지 않게 특정 후보를 공격하거나 도와줄 수도 있다. 모두 탐구에 따라 학생들의 관점이 형성되는 과정에서 자연스럽게 일어날 수 있는 일이다. 그러니 교사가 특정 후보에 대한 지지나 홍보에 관여하지 않으며 모든 결정은 학생의 주체적인 판단을 근거로 한다는 점에 합의하고 프로젝트를 시작하는 것이 좋다.

보이텔스바흐 협약 시민교육 3대 원칙   👤 ♡ 👍 🔖

첫째, 강압적인 교화와 주입식 교육을 금지하고 학생의 자율적 판단을 중시한다.
둘째, 논쟁적 주제는 수업 중에도 다양한 입장과 논쟁 상황이 그대로 드러나게 한다.
셋째, 학생의 상황과 이해관계를 고려해 스스로 시민적 역량을 기를 수 있도록 한다.

참고로, 이 프로젝트의 시작에 앞서 근무하던 학교를 옮겼다. 새로 맡은 업무에 학생회 업무가 있어서 다행히 직접 학생회 임원 선거 계획을 수립할 수 있었는데, 계획 수립 과정에서부터 프로젝트 학습을 고려할 수 있어서 좋았다.

(3) 질문 만들기

탐구 질문의 해결 과정은 프로젝트의 목표 달성과 맞닿아 있어야 한다. 이 프로젝트 수업의 탐구 질문은 아래 목표를 달성하기 위한 도구였다.

첫째, 전교학생회 임원 선거를 통해 생활 속의 민주주의를 실천한다.

둘째, 후보자 토론과 유권자 토론을 통해 올바른 후보 선택을 탐색한다.

셋째, 공정한 선거를 위해 필요한 여러 가지 방법을 알아보고 실천한다.

목표를 달성하려면 전교 학생회 임원 선거에 기존 선거와 다른 '생활 속의 민주주의 실천'이라는 의미가 포함되어 있음을 학생이 체감하고, 학생들이 계획한 탐구 과정 속에 후보자 토론과 유권자 토론이 포함되도록 교사가 사고의 과정을 유도해야 한다. 이 과정에서 수천 년도 더 된 소크라테스의 문답법이 참 유용하게 쓰였다.

전교학생회 임원을 어떻게 정하는 게 좋을까?

투표하면 좋을 것 같아요.

왜 투표가 좋지? 공부 잘하는 사람을 선생님이 임명하는 게 더 좋지 않을까?

지금까지 투표로 했으니까요.

지금까지 투표로 선출된 학생회 임원들은 실제 활동을
별로 안 한 것 같은데?

그래도 학생들을 대표하는 자리인데 우리가
뽑아야 하지 않을까요?

너희가 뽑는 것이 왜 중요하지?

그래야 우리가 원하는 것을 들어주고 학생을 위해 일할 것 같아요.

선생님이 뽑으면 선생님 마음대로 하는 거잖아요.

회장을 뽑는 것은 우리의 권리에요.

우리가 우리의 대표를 정하는 것이 민주주의라고 생각해요.

그럼 어떤 후보자를 뽑아야 할까?

착하고 공부 잘하는 학생이요.

친한 친구요.

좋은 공약을 약속한 후보요.

전교학생회 임원은 무슨 일을 하는 사람이지?

우리를 대표해서 학교에 의견을 전달하고 공약을 실천해요.

그럼 다시 생각해보자. 어떤 후보자가 학생회 임원이 돼야 할까?

좋은 공약을 실천할 수 있는 사람이요.

좋은 공약은 뭘까?

점심 시간을 늘려주는 거요.

학교에서 스마트폰을 마음껏 쓸 수 있게 해주는 거요.

진짜 딸기 우유를 주는 것도 가능한가요?

갑자기 많은 의견이 나오는 것 같은데, 이건 왜 그럴까?

사람마다 원하는 것이 달라서요.

내가 원하는 공약이 있어서요.

그럼 다시 생각해보자. 어떤 후보가 되면 좋겠어?

내가 원하는 것을 공약으로 만들어 실천할 후보요!

위 대화를 실제 학생들과 나눈 것은 아니다. 이렇게 대답해주면 좋겠다는 마음을 담아 상상해본 가상의 대화일 뿐이다. 교사의 역할은 이런 대답이 나올 때까지 돌리고 돌려서 설명하고 질문하는 것이 아닐까 싶기도 하다. 이와 비슷한 대화가 가능하게끔 유도하고, 또 기나긴 인고의 시간을 거쳐 탐구 질문을 만들었다.

"어떻게 하면 우리가 원하는 공약을 실천할 대표를 뽑을 수 있을까?"

프로젝트의 전 과정을 관통하면서 프로젝트 기간 동안 해결한 문제를 대표적으로 드러내는 탐구 질문이기에 긴 시간을 들여 충분히 주제와 문제 상황에 대한 이야기를 나누는 시간이 마냥 아깝지는 않았다.

마지막으로 모둠 구성 방법을 고민했다. 학생이 혼자 쓰기는 어려울 듯해 모둠 단위로 정책 제안서를 쓰게 하기는 했지만, 정책에 대해 생각이 다들 다를 수 있으므로 모둠 구성 방법을 고민할 필요가 있다. 공약에 따라 지지하는 후보도 다르고 관심사도 다른 학생들을 모둠으로 묶는 일은 가급적 피하려고 노력했다. 아이디어를 만들어가는 과정에서 자신이 생각하는 공약이 바뀌기도 하고, 후보자에 대한 최종 선택은 개인별로 이뤄지기 때문에 결과적으로 이번 프로젝트에서는 탐구만 함께하고 산출물은 각자 만들기로 했다.

2) 계획하기

학습 계획은 프로젝트 학습에서 탐구 질문을 해결하기 위한 과정이다.

"어떻게 하면 우리가 원하는 공약을 실천할 대표를 뽑을 수 있을까?"

이 질문에 답해나가면서 새롭게 질문을 만들고 해결하기를 반복했다. 여기서는 탐구의 흐름을 따라 어떤 것을 계획할지 살펴보자.

먼저 '선거'에 대한 기본적인 지식을 점검할 필요가 있다. 우리나라 민주주의 발전 과정을 살펴보면서 한 표에 담긴 의미를 알아봤다. 민주화에는 우리나라의 근현대사가 포함돼 있어서 막상 시작하면 자꾸 일방적으로 수업하게 되므로, 역사에 최대한 서사를 담으려고 시도했다. 나에게는 그렇게 설명하는 능력이 부족해서 아이들이 쉽게 몰입할 수 있도록 TV 프로그램의 한 부분이나 유명 강사의 세련되고 실감나는 강연을 조금씩 가져왔다.

아이들은 우리나라의 민주화 과정을 탐구하면서 민주주의에서 선거가 지닌 의미를 알아봤다. 그리고 학생회 임원 선거 계획을 검토하자 이번 선거를 공정하고 의미 있는 선거로 만들어야겠다는 동기가 부여되는 듯했다. 단순히 표만 찍으면 된다고 생각하던 아이들이 선거 계획을 검토하면서부터는 서로 선거관리위원이 되겠다고 손을 들기도 하고, 사뭇 진지하게 공정한 선거를 위해 이런저런 의견도 냈다.

자신이 원하는 공약을 구체화하기 위해서 '우리가 원하는 공약'의 탐색 활동도 했다. 설문조사로 학생들이 원하는 것을 직접 알아보고 모둠별로 대표 공약 제안서를 작성했다. 처음에는 제안서라는 말에 어려움을 느끼는 표정이 역력했지만, 간단한 카드 형태의 기본적인 틀로 아이들의 두려움을 불식시켰다. 그러자 다른 학년 학생들에게 설문할 생각에 아이들의 마음이 들뜨는 듯했다.

작성한 제안서는 후보자들에게 전달했다. 제안서를 후보자 토론회 전에 전달함으로써 후보자가 검토하고 가능성을 판단해 공약에 반영한 다음 토론회에 참여하게끔 한 것이다. 학생들은 후보자 토론회에서 각 후보들의 공약을 듣고 실천 가능성을 검토하며 후보자를 검증했다.

실제 토론회는 줌을 통한 영상 회의로 이뤄졌다. 선거에 참여하는 학생 모두가 모일 수 없는 상황이기에 각 반에서 영상 회의로 접속하고 각 후보들은 개별 기기를 이용해 영상 회의에 참여해 자신의 소견을 밝히고 서로 토론을 벌였다. 처음 영상으로 진행되는 소견 발표와 후보자 토론은 투표권이 없는 저학년에서도 참관하는 등 많은 학생이 관심을 보였고, 실제 후보 선택에 큰 영향을 미쳤다는 반응이었다.

후보자 토론회가 끝나고, 후보를 결정한 다음에는 투표 전에 지지 성명서로 지지 의사를 밝히는 기간을 가졌다. 공식적인 말하기 상황이 만들어지지 않아 성명을 발표한 학생은 없었지만, 자신이 원하는 공약이 무엇이고, 각 후보의 공약을 비교해 어떤 후보를 지지할 생각이라고 자연스럽게 말하는 아이들이 늘어나는 모습에 괜한 오해를 사거나 친구들 사이에 서먹해질 수 있는 후보 지지 성명은 안 하는 게 나을 수도 있었겠다는 생각이 들었다.

투표 뒤에는 각자 선거 기간을 돌아보며 수행 보고서를 작성했다. 수행 보고서라고는 하지만 실제로는 선거에 대한 소감과 새로 알게 된 점, 선거의 의미에 대해 다시 생각하는 성찰 활동에 가깝다. 열띤 선거 운동과 긴장되는 투표가 끝나고, 개표되는 동안 학생들은 선거 수행 보고서를 작성했다. 보고서 작성 와중에 개표 작업이 끝났다. 개표 결과가 발표되면서 교실에는 희비가 교차했지만, 이긴 쪽과 진 쪽 모두 마냥 밝거나 어두운 표정만은 아니었다. 선거는 끝났지만 임기는 이제 시작이라는 사실을 알고 있기 때문일 것이다. 또한 오늘의 선택이 가져올 내일의 변화에 대해 기대와 우려가 함께 피어난 덕분이 아닐까 싶다.

탐구 과정을 아무리 세세하게 계획해도 학생들이 교사가 원하는 답을 금방 내놓는 경우는 많지 않다. 이번 프로젝트에서는 아이들과 함께 먼저 학교의 학생회 임원 선출 계획을 들여다봤다. 선거 과정을 살펴보며 무엇을 공부해야 할지 이야기를 나누자 원하는 탐구 주제와 방법을 찾아보는 데 도움이 됐다. 더불어 탐구 질문을 두고 '무엇을 알고 있는지', '무엇을 알아야 하는지', '어떻게 해결할 것인지' 이야기하다 보니 구체적인 탐구 계획까지 수립됐다.

3) 탐구하기

(1) 내가 지닌 한 표에는 어떤 의미가 있을까?

프로젝트를 구상하면서 가장 고민한 부분 중 하나가 '과연 학생들이 스스로를 유권자라고 생각할까?' 하는 점이었다. 인기투표와 별로 다를 바 없는, 관행적인 초등학교 학생회 임원 선거에서는 임원 후보들이 주인공이다. 이에 이 프로젝트 수업의 목표는 유권자인 학생들 스스로 선거의 주인임을 깨우치고, 유권자가 가진 권리와 의무를 다하게끔 하는 것으로 삼았다.

선거의 '한 표'에 담긴 의미는 다양하다. 선거의 당락을 결정할 수 있고, 그 힘이 표를 가진 국민 모두에게 공평하게 있다. 이번 프로젝트에서는 그중에서도 '한 표'가 우리 손에 들어온 역사에 집중하려고 했다. 그렇기 때문에 우리나라 민주주의의 발전 과정과 선거 제도의 변화를 이해하는 게 중요했다. 소단원 1과 중복되는 내용이기 때문에 생략할 수도 있지만, 시기상 소단원 1을 마치기 전에 1학기 전교 학생회 임원 선거가 끝나기 때문에 미리보기의 개념으로 선거 부분에 집중해서 진행하면 좋다.

민주주의 선거의 4대 원칙은 보통 선거, 평등 선거, 직접 선거, 비밀 선거다. 지금은 당연하게 여겨지는 원칙들이지만, 하나씩 살펴보면 이 원칙들이 지켜지기까지 4·19혁명, 5·18민주화운동, 6월 민주항쟁 등의 다양한 사건이 있었다. 해방과 동시에 38선 이남에는 미군정이 들어왔다. 1948년 5월 10일 국회의원 총 선거와 7월 17일 헌법 반포, 8월 15일 정부 수립 등 대한제국 말기 전제군주제 국가에서 해방기 군정의 통치, 그리고 1948년 정부 수립을 통한 민주공화국 설립으로 격변의 역사를 거쳤다. 대통령 선거 역시 간접 선거를 시작으로 정치적 풍랑 속에서 직접 선거와 간접 선거, 군부 독재와 정권 교체 등 민주주의 발전 과정 속에서 영화 같은 근현대사를 기록했다. 이런 역사적 사건을 배우며 학생들은 내가 가진 한 표의 의미를 되새길 수 있다.

우리나라 선거 제도에 있어서 가장 중심인 대통령 선거의 변화도 살펴봤다. 초대 대통령 선거는 간접 선거였고 이후 직접 선거를 실시하다가 군사정권 시절에 다시 간접 선거로 돌아갔다. 1987년 6월 민주화 선언으로 현재의 대통령 선거 제도가 정착됐다. 여기에 맞게 민주화 과정을 살펴보면, 4·19혁명 – 5·16군사정변 – 12·12군사반란 – 5·18광주민주화운동 – 6월민주항쟁으로 정리할 수 있다.

짧은 시간에 효과적으로 배우려면 강의가 적절하겠지만, 필요한 자료를 제공하고 스스로 정리하여 공유하면 좋겠다 싶어서 거꾸로수업을 적용했다. 근대사를 다룬 짧은 영상 클립부터 방송 프로그램, 영화까지 활용할 자료는 많은 편이었다. 유튜브로 찾은 적절한 자료들을 엮어 재생목록을 만들고 클래스룸에 공유했다. 아이들은 공유된 재생목록을 보면서 스스로 내용을 정리하고 추가로 자신이 알아보고 싶은 내용에 대해서 검색한 후 좋은 자료는 다시 클래스룸에 공유하면서 서로 추천했다.

선거 일정에 맞춰 수업하기는 시간이 넉넉하지 않아서 다양한 주제를 동시에 탐구할 수 있도록 직소모형 적용 수업을 진행했다. 원모둠(모집단)에서 각자 다른 주제로 조사학습을 진행한 다음, 같은 주제를 다룬 다른 모둠 학생들과 전문가 집단을 이루게끔 했다. 이어서 조사한 내용을 바탕으로 정보를 공유하고, 상호 보완된 내용으로 다시 원모둠(모집단)으로 돌아가 다른 모둠원에게 설명하고, 다른 모둠원이 정리한 주제에 대해서도 설명을 들었다.

만약 이 과정을 온라인에서 진행한다면, 전체회의실에서 소회의실(전문가집단)에 입장하여 공부한 후 다시 전체회의실로 돌아와 다른 소회의실(원모둠)으로 입장해 각기 다른 주제에 대해 탐구하게끔 하면 될 듯하다. 모든 학생이 전문가 역할을 맡아 적어도 한 개 주제에 대해서는 다른 학생들에게 설명하기 때문에 질문을 주고받으며 답을 찾아가는 하브루타 학습 같은 효과를 얻을 수 있다. 탐구한 결과는 잼보드나 패들릿을 이용해 주제별로 정리하고, 함께 보면서 보충할 부분을 찾거나 어려운 부분을 다시 설명했다.

(2) 디딤 영상 제작 및 수업 적용 방법

만약 교사 주도의 강의로 수업을 진행한다면 학생 개개인의 학습을 위해 디딤 영상 형태로 수업을 제작·배포하는 게 좋다. 그럼 학생들이 원하는 시간에 자신의 이해 속도에 맞춰, 부족한 부분을 반복 학습할 수 있으므로 개별적이고 효과적으로 학습할 수 있다. 이때 유용한 플랫폼이 니어팟(nearpod)이다.

니어팟의 가장 큰 장점은 다양한 에듀테크 기능이 하나로 통합됐다는 것이다. 마치 에듀테크 종합선물세트와 같은 플랫폼이랄까. 다른 에듀테크 플랫폼과 앱의 기능을 니어팟 기능으로 대부분 대체할 수 있고 외부 링크도 가져올 수 있다. 니어팟 강의안 안에서 학생에게 동영상을 보여주고(유튜브), 동영상에 질문을 넣고(에드퍼즐), 학습 내용을 다양한 질문을 통해 확인하는(퀴즈앤, 카훗 등) 것도 가능하다. 플랫폼을 이리저

수업 관련 에듀테크	특징
nearpod	슬라이드 기반의 원격 강의 도구다. 교사가 제작한 슬라이드 형식의 강의 안에 학생이 반응할 수 있는 퀴즈, 빈 칸 채우기, 그리기 등의 활동을 포함할 수 있다. 동영상 진행 중간에 퀴즈도 넣을 수 있고, 학생이 건너뛰지 못하게 설정할 수도 있다. 실시간 강의와 학생 주도 학습 모드가 지원된다.

리 옮겨다닐 필요가 없어서 여러모로 편리하다. 학생 주도 모드(student paced mode)에서 학생 스스로 수업을 진행할 수도 있다. 실시간 강의에서는 학생의 화면에 강의안이 보이더라도 넘기거나 할 수 없지만, 학생 주도 모드에서는 직접 화면을 넘기며 주도적으로 학습할 수 있다.

기존에 줌(zoom)에서 진행한 실시간 강의들은 교사의 화면을 학생에게 송출하기 때문에 동영상이 자꾸 끊길 뿐만 아니라 인터넷 환경에도 많은 영향을 받았다. 또한 줌에서 강의식으로 실시간 수업을 하면 학생들이 얼마나 수업을 잘 따라오는지 확인하기도 어려웠다. 니어팟에서는 서버와 직접 통신하기 때문에 동영상도 깔끔하게 전송되고 학생 반응 활동을 통해 즉각 학습 확인이 가능하다.

(3) 어떤 후보가 좋은 후보일까?

학생들이 학교 학생회 임원 선거의 문제점을 좀 더 깊이 고민해봤으면 했다. 내 생각이지만, 지난 선거들을 되짚어본다고 해도 아마 당선자는 커녕 자신이 지지한 후보와 공약은 무엇인지 정확히 기억하지 못할 것이다. 공약이 어떻게 실천됐는지는 말할 것도 없다. 공약이 아니라 친분을 기준으로 투표했으리라는 합리적인 의심 때문이다. 사실 전교생이 120명 남짓 되는, 한 학년에 한 반뿐인 작은 학교에서 달리 고려할 만한 요소도 없을 것 같다. 그래서 '5Why'를 활용해 유권자인 학생 스스로가 진짜로 원하는 것이 무엇인지를 탐구하게끔 했다. 5Why는 문제 상황에 대해 "왜?"라는 질문을 다섯 번 이어가며 문제의 근원을 확인하는 문제해결 방법이다.

선택이 잘못됐다는 결론이 나왔다면 올바른 선택의 기준을 고민할 필요가 있다. 함께 고민한 결과를 체크리스트로 만들면 후보 선택에 많은 도움이 될 것이다. 실제로 모둠별로 후보 선택 기준을 과제로 주고 수합하여 서로 비교하며 최종안을 만들어보았다. 리스트를 만들면서 공약에 대한 이야기가 자연스럽게 나왔고 이 이야기를 발전시키면 프로젝트 목표를 제대로 실현할 수 있을 것이란 생각이 들었다.

문제 상황 : 학생회가 하는 일이 없다.   ⚲ ♡ 👍 🔖

1Why : 학생회는 왜 하는 일이 없을까?
→ 무엇을 해야 할지 모르기 때문이다.

2Why : 왜 무엇을 해야 할지 모를까?
→ 학생들이 무엇을 원하는지 모르기 때문이다.

3Why : 왜 학생들이 무엇을 원하는지 모를까?
→ 물어보지 않았기 때문이다.

4Why : 왜 학생들에게 물어보지 않을까?
→ 이미 당선됐기 때문이다.

5Why : 왜 당선됐을까?
→ 학생들이 잘못된 선택을 했기 때문이다.

후보 선택 체크리스트

	1	2	3	4	5
1. 후보가 제시한 공약이 실현 가능한가?	☐	☐	☐	☐	☐
2. 후보가 제시한 공약이 학교에 필요한 공약인가?	☐	☐	☐	☐	☐
3. 후보가 제시한 공약이 나에게 필요한 공약인가?	☐	☐	☐	☐	☐
4. 후보가 공약을 만들 때 학생의 의견을 반영했는가?	☐	☐	☐	☐	☐
5. 공약이 실행되면 학교가 더 좋게 변화할 수 있는가?	☐	☐	☐	☐	☐

4) 탐구하기 - 공정하고 의미 있는 선거 만들기

표면적으로는 투표가 선거의 전부인 것 같지만, 사실 공정한 선거의 시작은 선거 규칙부터다. 아무리 초등학교 전교 학생회 임원 선거라도 선거를 치를 때에는 계획을 세운다. 이 선거 계획으로 민주주의 사회에서 치러지는 선거의 기본 원칙과 절차를 배울 수 있다. 대부분의 학교가 비슷할 텐데, 대략적인 선거 계획은 아래와 같다.

선거관리위원회 구성 ⇨ 선거 공고 ⇨ 후보자 등록, 선거인명부 작성 ⇨ 기호 추첨 ⇨ 선거 운동 ⇨ 후보자 연설 ⇨ 투표 ⇨ 개표 ⇨ 당선인 공고

학생들에게는 먼저 선관위(선거관리위원회)에 대해 설명했다. 전교 학생회 임원 선거에도 각 학년 또는 학급 대표로 이뤄진 선거관리위원회를 조직한다. 후보 등록에서부터 개표와 당선인 공고까지 선거를 공정하게 치를 수 있도록 각 단계별로 하는 일을 알아보고 우리 반에서 선관위에 참여할 학생을 뽑았다. 일반적으로 각 학급 임원들이 맡는 역할인데 전교 학생회 임원 후보자나 선거운동원이 아닌 학생 중에서 지원받아 지명하는 것도 좋다고 생각한다.

선거 계획을 검토하면서 더 공정한 선거를 만들기 위해 수정하거나 추가할 내용이 있는지 살펴봤다. 몇 해 전, 도시권의 큰 학교에서 근무할 때 학생회 후보자의 선거 운동에서 어깨띠와 선거 전단이 문제가 된 적이 있었다. 학생이 외부업체에 의뢰해 선거용품을 제작한 건 내

교직생활 중 그때가 처음이었다. (실제 공식적인 선거에서는 선거공영제에 따라 선거 관련 비용을 국가가 부담한다.) 그간 초등학교에서는 이러한 원칙의 필요성을 못 느꼈는데, 이 사건 이후 외부 제작 선거용품을 제한하기 시작했다. 공정한 선거를 위해 필요한 조치라는 설명에 아이들도 공감해줬다.

선거 계획을 살피며 공정한 선거성과《딸기 우유 공약》같이 실현이 어렵거나 인기를 끌기 위한 무리한 공약을 어떻게 해결할 것인지 토의했다. 그동안 지켜지지 않은 공약들에 대해서도 이야기해봤다. 쉬는 시간과 점심시간을 늘려주겠다는 공약, 매달 학교에서 라면 파티를 하겠다는 공약 등 허무맹랑한 공약이 이어졌다. 학교가 무엇을 위해 존재하고, 학생이 건강하고 행복하게 학교생활을 하는데 도움이 되는 가치는 무엇인가 함께 이야기하면서 아이들도 공약의 가치를 고민하기 시작했다. 공약 내용과 더불어 실천 가능성도 따졌다. 결론적으로 후보자들이 직접 유권자들에게 원하는 것을 물어보는 일이 가장 필요하다는 의견이 모아졌다. 선거 과정에서 아이들이 원하는 것을 후보자에게 전하는 절차가 꼭 만들어져야 한다는 결론이었다.

여기까지 수업하고 나자 유권자인 학생들의 후보 선택 기준이 객관적이고 합리적인 체크리스트와 공약 중심으로 변화했다. 공약이 얼마나 실현 가능한지 검증해보겠다는 의욕도 생겨났다. 유권자들의 관심에 따라 후보자들도 공약과 실현 가능성에 신경 쓰면서 학교 전체에서 학생회 임원 선거에 대한 관심이 날로 커졌다.

5) 탐구하기 - 유권자 토론회와 정책 제안

민주시민교육과 학생자치가 강조되면서 앞서나간다는 학교에서도 후보자 토론회가 시작됐다. 대선주자들의 TV토론회를 본 따 공약으로 다른 후보들과 토론도 하고, 다른 학생들에게 질문도 받는 형식이었다. 시도는 좋았지만, 후보자들에게 이목이 더욱 집중되며 인기몰이용 공약이 남발되는 부작용도 생겨났다. 이에 유권자의 정책 제안 활동을 생각했다.

지금까지 학생회 임원 출마 학생들은 자기 생각에 '좋은 공약'을 들고 나왔다. 자신의 기준에서 '다른 학생들도 이런 것을 원할 거야'라는 생각으로 만들어낸 공약이었다. 이에 거꾸로 학교에 존재하는 다양한 학년의 유권자(학생)들이 후보자들에게 정책을 제안하게끔 했다. 학생들 손으로 직접 원하는 바를 들어줄 후보를 만든 셈이다. 여기에서 '유권자의 주권자 되기'가 일어났다.

대한민국 헌법 제1조 2항에는 나오는 '대한민국 주권은 국민에게' '모든 권력은 국민으로부터 나온다'는 초등학교 전교학생회 임원 선거에도 적용된다. 학생회 임원에게 주어지는, 학교를 바꿀 수 있는 권력은 결국 유권자인 학생이 선출된 임원에게 위임하는 권력이다. 이 권력을 위임받기 위해서는 주권자인 일반 학생의 뜻을 반영한 공약을 제시하거나 제시 받아야 한다. 어떤 정책을 제안할 것인지는 유권자들의 토론으로 정했다.

토론에 앞서 정책의 근거가 되는 통계 자료 작성을 위해서 많은 학생의 의견을 조사해야 했다. 이에 학생들에게 원하는 공약을 잼보드에 스

우리가 추천하는 공약

수요일마다 한 번씩 간식 주기	한 달에 한 번 책 읽어 주기(단! 간식도 챙겨주기)	휴대폰 사용	한 달에 한 번 영화보기
한 달에 한 번 치킨	하루에 한 번 간식 주기	휴대폰 쉬는 시간에만 허용	급식 다 맛있게 해주기
세 달에 한 번 치킨 먹기	쉬는 시간에 간식 먹기 허용	휴대폰 허용	금요일도 맛있는 급식
한 달에 한 번 과자 파티	휴대폰 사용 허용	한 달에 한 번씩 무비 데이	그네 만들어주기
일주일에 한 번 과자 파티	휴대폰 사용하기	한 달에 한 번 무비데이	수업 시간 줄이기	쉬는 시간 10분 더 늘리기

티커노트(포스트잇)로 작성하게끔 했고, 전체 의견을 비슷한 종류끼리 분류함으로써 어떤 의견이 가장 많은지 한눈에 보기 쉽도록 정리했다.

온라인 설문 결과를 정리해 모둠별로 원하는 공약을 만들어보도록 했다. 모둠별로 공약이 겹치지 않게 하려면 분야를 정해주면 좋다. 학교 행사, 학생 복지, 학교 시설, 학교생활, 기타 공약 등 분야를 나누면 다양한 의견을 모을 수 있다. 모인 의견은 정책 제안서 형태로 정리한다. 제안하고자 하는 정책의 주제, 필요성, 실천 방안에 대한 고민을 간단히 정리해 각 후보자에게 전달하기로 했다.

정책 제안서 만들기를 막상 시작해보니 생각보다 쉽게 끝나버렸다. 몇 가지 공약에 아이들이 굉장히 매력을 느꼈기 때문이다. 가장 많은 아이가 선택한 공약은 쉬는 시간에 스마트폰을 사용하는 것이었다. 그 다음은 한 달에 한 번 정도 간식과 함께 영화를 보고 싶다는 것이었다. 그 외에는 크게 주목받지 못했다.

6) 후보자와의 토론회

후보자들은 토론 이전에 전달 받은 제안에 대한 답변과 공약을 마련했다. 유권자의 제안에 답변하고, 구체적인 실현 방안이 무엇인지 소견 발표로 이야기했다. 각자 소견 발표를 마치면 후보자 토론회에서 상대 후보의 공약과 실천 방안에 대해 토론한다. 이때 토론에 참여하는 일반 학생들에게도 발언권이 주어졌다. 시간 절약을 위해 실시간으로 이뤄지는 토론의 질문을 선관위에 온라인으로 전달해 괜찮은 질문인지 먼저 검증한 다음, 후보에게 전달하거나 질문을 올린 학생에게 선택적으로 발언권을 주었다. 이렇게 시간과 토론회 수준을 관리했다.

작년부터 학생회 선거를 온전히 온라인에서 실시하는 학교가 늘어났다고 한다. 줌이나 유튜브 라이브 기능을 활용하면 온라인으로 후보자 토론회를 진행할 수 있다. 등교 수업이 이뤄지더라도 한 공간에 많은 학생이 모이기 어려우니 각자 교실에서 후보자 토론회에 참석할 수

전교학생회 임원에게 제안하는 공약 1 - 쉬는 시간 스마트폰 사용

- ▣ 필요성

  쉬는 시간은 학생에게 주어진 휴식 시간으로 스마트폰을 이용할 수 있어
  야 한다.

- ▣ 실현 방법

  학교에 등교해서 스마트폰 전원을 끄고 쉬는 시간에만 켠다.

- ▣ 필요한 절차

  교장 선생님과 다른 선생님들에게 동의를 구하고 학교 규칙에 넣는다.

- ▣ 고려할 사항

  스마트폰으로 학교에서 게임을 해도 괜찮을까?스마트폰을 너무 많이 사
  용해서 문제가 되지 않을까?

전교학생회 임원에게 제안하는 공약 2 - 한 달에 한 번 무비데이

- ▣ 필요성

  섬이라 영화관이 없고, 공부나 기념일과 관련된 영화도 있으니, 한 달에 한
  번 정도는 교실에서 함께 영화도 보고 간식도 먹으면 좋겠다.

- ▣ 실현 방법

  학급 회의를 통해 영화를 정하고, 학생회 예산을 이용해 영화와 간식을 구매
  한다.

- ▣ 필요한 절차

  영화 볼 시간을 만들기 위해 담임 선생님과 상의한다.

- ▣ 고려할 사항

  매달 영화를 볼 수 있을 만큼 시간을 확보할 수 있을까?

도 있다. 원격 수업에서는 각 개인이 접속하여 참석하면 된다.

줌은 기본적으로 패쇄적인 구조라 허용된 인원만 참석하기 때문에 괜찮지만, 학교 행사를 유튜브로 진행할 때에는 라이브 방송 주소를 전체 공개가 아닌 일부 공개로 설정하여 운영하는 편이 안전하다. 전혀 관계없는 익명의 사람들에 의한 댓글 테러나 행사 방해 등의 위험 요소가 줄어든다. 필요한 경우 아동용 채널로 설정해 댓글 기능을 아예 비활성화시킬 수도 있다.

멘티미터를 이용하면 간단한 코드 입력으로 손쉽게 온라인에 질문을 올리고, 운영진이 바로바로 확인이 가능하다. 후보자 소견 발표와 토론회가 온라인으로 이뤄질 때 줌의 최대 수용인원인 100명을 초과한다면 유튜브 라이브 기능을 이용하면 된다. 이때 OBS 스튜디오를 이용하면 화면 전환과 자막 생성 등 좀 더 전문적인 방송을 진행할 수 있다.

7) 지지 후보자 성명서 발표

토론회에서 아이들은 자신들의 정책 제안서가 후보의 공약에 어떻게 반영될지 확인할 수 있었다. 토론이 끝나고 삼삼오오 모여 앞에서 만든 체크리스트로 점수도 다시 매겨보고 누구를 선택할지 진지하게 고민하기 시작했다. 나는 비밀 투표라도 지지 후보를 드러내는 것은 자연스러운 현상이라고 생각한다. 애초에 정당이라는 것도 정치적 의견이 같은 사람들이 만들지 않는가? 학생들도 자연스럽게 지지 공약과 후보에 따라 정당 비슷한 무리를 만들었다. 지지 후보가 당선될 수 있

수업 관련 에듀테크	특징
Mentimeter	온라인을 통해 참가자들에게 설문조사를 하거나 데이터를 취합하여 프레젠테이션을 할 수 있도록 시각화할 수 있는 플랫폼이다. 수업 때 학생들의 의견을 빠르게 수합해서 바로 활용할 경우 사용할 수 있다. 교사는 미리 만들어놓은 설문을 화면에 띄우면 학생들은 설문 코드 여덟 자리를 이용해 바로 설문에 응답할 수 있다. 투표, 워드클라우드, 질문 받기 활동을 많이 활용한다.
OBS Studio	OBS 스튜디오는 영상 녹화와 실시간 방송을 할 수 있는 무료 프로그램이다. 주로 유튜브 라이브 방송을 할 때 사용한다. 줌은 화면 공유나 웹캠을 이용한 영상만 송출되는 반면, OBS에서는 미리 장면을 만들어서 필요한 자막, 사진, 영상 등 소스를 설정해두면 방송국에서 화면을 넘기듯 자연스럽게 진행이 가능하다는 장점이 있다.
miri canvas	미리캔버스는 온라인에서 작업이 이루어지는 디자인 서비스이다. 용도별 템플릿을 제공하고 있으며, 별도의 설치 없이 웹브라우저를 이용해 모든 편집을 할 수 있다. 무료로 사용이 가능하고 제작한 파일이 자신의 계정에 저장되기 때문에 두고두고 사용이 가능하다. 기존 디자인 툴보다 사용이 쉽고 간단하며 높은 수준의 결과물을 쉽게 얻을 수 있다.

도록 자발적으로 선거 운동을 하는데, 이를 양지로 끌어올리면 후보자에 대한 지지 성명서 발표가 되지 않을까 싶었다.

친한 친구들을 끌고 다니며 복도에서 "기호 0번! 위! 대! 한!"이라고 소리치며 돌아다니는 선전이 아니라, 지지하는 공약의 가치를 설명하고 당선시키고 싶은 후보의 면면을 알리는 지지 성명서는 새로운 시도가 되리라 여겨졌다. 나는 여기에 SNS를 결합시켜 카드 뉴스로 제작해보려 했다. 미리캔버스를 알려주면 학생들도 그럴 듯한 카드 뉴스를 금방 제작하고, 자기 SNS에서 온라인 선거 운동도 한다.

학생 수가 적은 학교다 보니 온라인을 이용한 이런 선거 운동이 실제로 일어나지는 않았다. 그런데 선거 업무를 추진하면서 생각보다 학생들이 후보자 선거용 포스터 만들기에 많은 부담을 느낀다는 사실을 알게 됐다. 후보마다 세 장의 포스터를 만들어서 제출해야 하는데 혼자 만들기에는 시간도, 능력도 부족해 부모나 전문 업체의 도움을 받기 일쑤였다. 그래서 스스로 포스터를 만들 수 있도록 후보들에게 미리캔버스 소개해줬다. 미리캔버스로 이미 만들어진 템플릿의 사진과 글자를 바꿈으로써 다들 멋진 포스터를 쉽게 만들어냈다.

8) 성찰하기

투표는 교육과정에 계획된 자치 시간을 통해 이뤄지고, 당선인 공고와 함께 마무리되지만 프로젝트는 성찰로 마무리된다. 앞서 언급한 선거 수행 보고서는 성찰 일기의 선거 버전쯤이다. 이전의 선거와 이번 선거가 어떻게 달랐는지, 유권자로서 자신은 어떤 활동을 했는지 중요하게 생각하는 몇 가지 관점을 글로 정리하고 공유했다. 처음에 계획한 메니페스토 활동을 위해 기존 선관위원을 중심으로 공약 이행 모니터링단을 만든 다음 전교 학생회 기구에 편입시켰다. 그래서 전교 학생회의가 열릴 때마다 공약 이행 정도를 보고하고 향후 추진 과제에 대해 계획을 세워 실천하고 있다.

　선거가 끝나고 학생회 임원들은 자신이 세운 공약을 실천하기 위해 각자 노력했다. 매월 영화를 보겠다던 후보는 당선되자 선생님들과의 회의 시간에 자신의 공약을 건의했다. 각 학년 선생님들은 후보의 공약을 존중하지만 매월 영화를 보기에는 많은 시간이 필요하니 학생회가 월마다 필요한 행사를 계획해서 실천하면 좋겠다고 제안했다. 이에 각 학년 대표와 학생회가 함께 회의한 뒤 4월에 체육 행사를 계획해서 실제 스포츠 데이 행사를 치렀다. 5월에는 가정의 달을 맞아 카네이션 만들기와 가족 관련 영화 보기 행사를 추진하자고 학생회가 제안해서 그것도 추진 중이다.

이 외에도 점심시간에 음악 방송을 공약으로 걸었던 전교부회장은 학생회 게시판으로 음악을 추천받아 주 2회 음악 방송을 하고 있다. 깨끗한 학교를 만들겠다는 공약을 지키기 위해 학교에 쓰레기통을 추가로 설치하고 틈틈이 돌아보며 쓰레기도 치운다. 아이들은 자신들이 제안한 공약이 임원들을 통해 실현되는 모습에 뿌듯해하기도 하고, 열심히 노력하는 임원을 격려하기도 한다. 한편 미진한 공약에 대해서는 언제 어떻게 지킬 것인지 물어보기도 하는 등 관심을 갖고 주권자의 삶을 즐기고 있다.

세 번째 클래스룸

온라인으로도 지속 가능한
온 작품 읽고 한 책 쓰기

배현명

어릴 적부터 책과 글을 좋아했다. 교사가 돼서도 아이들에게 책만큼은 많이 읽어주려고 노력했다. 사각사각 책장 넘기는 소리, 하나의 장면에 빠져 골몰하는 표정, 힘을 주어 꾹꾹 눌러 쓴 글씨, 낭랑하게 때로는 더듬더듬 낭독하는 저마다의 목소리. 나를 웃음 짓게 만드는, 느리고 살가운 책 읽는 교실 풍경이었다. 그런데 2020년에는 코로나가 이 모든 풍경이 존재하던 교실을 앗아가고 말았다.

아날로그 예찬자이기도 한 나는, 울며 겨자 먹기로 온라인 화상 공간을 빌려 썼다. 스물네 명의 회의자 구글 미트 접속. 참 어색하고 미숙한 시작이었다. 하지만 막상 시작해보니 온라인으로 책 읽는 행위를 너무 경계했다는 생각이 들었다. 정작 한 걸음 떼고 보니 충분히 할 수 있는 일, 해볼 만한 가치가 있는 일로 여겨졌다. 생각의 전환이 일어나자 랜선 독서에 불이 붙었다. 결과적으로 2020년 우리 반은 어느 때보다 열렬히, 온전히, 느리게, 깊게 다양한 작품을 만났다. 많이 웃고, 슬퍼하고, 이야기 나누고, 맘껏 상상의 나래를 펼치며 함께 성장할 수 있었다.

구글 미트 책 읽기가 온라인 아침 조회로 차츰 정착되면서 조금씩 독후 활동에 블렌디드 러닝 기술을 접목해나갔다. 멘티미터로 간단한 '독서 퀴즈'를, 클래스팅으로 '딩동 답장'을, 온라인 독서 플랫폼 책씨앗을 활용하여 '온라인 작가와의 만남'을 펼쳤다. 격일로 등교할 때는 온라인과 오프라인 수업을 순차적으로 활용하여 읽은 책들이 과학이나 미술과 같은 교과 활동으로 연계되도록 수업을 설계했다.

이 와중에 '무엇을 읽을까'보다 더 어려운 고민은 '무엇을, 어떻게 쓰게 할까?'였다. 독후감을 쓰라고 하면 아이들은 으레 질렸다는 반응을 보인다. 무턱대고 독후감을 써내라고 해 정성껏 읽어서 쌓은 공든 독서탑과 읽기의 즐거움을 망친다면 아이들에겐 참 미안할 것 같았다. 어떻게 하면 학생들이 스스로 독후감을 쓰고 싶은 마음이 들게 할 수 있을까 거듭 고민하던 때였다. 아주 우연히 승강기에서 초등 3학년쯤으로 보이는 여자아이 둘의 이야기가 들려왔다. 한 아이가 동생이 없어져 버리면 할 정도로 얄미운데, 막상 없으면 허전할 듯해 걱정이라고 고민 상담 중이었다. 다른 아이는 아주 그럴 듯하게 위로 중이었는데, 조곤조곤 어찌나 화려한 어휘를 구사하는지 어른인 내 고개가 절로 끄덕여질 정도였다. 여기서 착안해 누군가 대화를 시도하듯 아이들에게 편지를 쓰면 어떨까 하는 생각이 들었다.

누구에게나 다른 사람에게 도움이 되고 싶은 마음이 있다. 아이들에게 등장인물이 말을 걸어온다면, 혹은 고민을 털어놓는다면 어떤 이야기라도 해주고 싶어 할 것 같았다. 이것이 바로 우리 반 '부엉이 상담소'에 시시때때로 편지가 도착하게 된 계기다.

부엉이 상담소

1. 프로젝트의 시작

2020년 1학기는 여러모로 고민이 많을 수밖에 없었다. 유례없는 개학 연기, 이어지는 삼부제 등교 같은 비정상적인 학교생활에 우리 반 아이들에게 어떤 한 해를 남겨줄 수 있을지 고민하지 않을 수 없었다. 일상적인 학교생활을 통째로 빼앗긴 아이들에게 작더라도 위안이 될 만한 추억을 남겨주고 싶었다.

유심히 공문을 살펴보니 교육청에서 학교 현장의 교사들이 아이들과 교육적인 활동을 할 수 있는 여러 사업을 지원하고 있었다. 그중에서도 '한 책 쓰기 동아리 공모'가 내 마음을 사로잡았다.

2020년 학기 초, 반 아이들에게 부엉이가 그려진 작가 노트를 한 권씩 선물해주면서 이렇게 선언했다.

"올해 우리 반은 '부엉이 상담소'를 운영할 거예요. '부엉이 상담소'로 누군가 편지를 보내올 것인데, 우리 반 친구들 하나하나가 부엉이 상담원이며, 특별 상담원의 자부심을 가지고 편지에 정성껏 답장해주면 좋겠어요. 좋은 답장을 적으면 출판할 책에 작품으로 실릴 가능성이 높아진답니다."

그 뒤 틈날 때마다 책을 읽어줬다. 책을 다 읽고 나면 아이들에게 편지가 날아왔다. 때로는 함께 읽은 책의 주인공이, 혹은 이야기 너머에

<프로젝트 과정>

① 읽을 목록 만들기

② 블렌디드 온 작품 읽기

③ 블렌디드 독후 활동하기

④ '부엉이 상담소'로 편지 주고받기

⑤ 책으로 출간하기

⑥ 출판기념회 열기

<준비물>

읽을 작품 목록, 온라인으로 공유 가능한 작품 텍스트 파일, 구글 클래스룸,

작가 노트

<선생님의 조언>

• 학생들의 읽기 성향과 희망 도서를 읽을 목록에 반영합니다.

• 천천히 깊이 읽고, 충분히 생각을 나누는 것이 온 작품 읽기의 핵심입니다.

• 온라인으로 온 작품을 읽을 때, 텍스트를 발표 화면에 공유해주면 좋습니다.

• 미리 온라인 읽기 공간에서 지킬 규칙을 함께 정합니다.

• 글쓰기는 꾸준히 일상적으로 할수록 실력이 늡니다.

• 출판을 위해 교육청 예산을 미리 확보하면 좋습니다.

숨은 인물이 보낸 편지였다. 등장인물 또는 작가, 아니면 교장 선생님으로부터 계속 깜짝 편지를 받으면서 아이들은 무척 즐거워했다. 즐겁기는 나 역시 마찬가지였다. '부엉이 상담소' 편지를 읽어주는 날이면 빨리 학교에 가고 싶어 아침 일찍 눈이 떠지곤 했다.

부엉이 상담소 프로젝트는 '어떻게 온 작품 읽기를 내실 있게 실천할 수 있을까?'를 적극적으로 묻고 답하는 과정이었다. 이 과정에서 온전한 읽고 쓰기를 통해 아이들에게 진심으로 다가가는 법을 발견하고, 새로운 시각으로 학생들을 깊이 들여다볼 수 있는 기회를 얻었다.

2. 책 읽기

좋은 이야기를 읽으면 생각이 많아지고, 하고 싶은 말도 많아진다. 하고 싶은 말을 글로 옮기면 그것이 바로 살아 있는 글쓰기가 되리라 생각했다. '책 쓰기' 동아리 공모에 지원하면서도 쓰기 이전에 풍부한 '읽기'가 선행되어야 된다고 생각한 이유이다. 이에 프로젝트는 아이들과 함께 읽을 책 목록을 만드는 것으로 시작됐다.

1) 읽을 목록 만들기

우선 4학년 1학기 국어과 지도서에서 한번이라도 언급된 도서를 모조리 엑셀로 정리했다. 그다음 사서 선생님의 도움을 받아 학교 도서관이 보유한 도서를 모두 빌려왔다. 총 스무 권의 도서를 훑어본 뒤 그중 아이들과 함께 읽고 싶은 책을 여섯 권 추렸다.

그런데 어쩐지 이 목록도 부족하게 느껴졌다. 두께가 있는 책 한두 권 정도를 추가하고 싶은 욕심이 들었다. 그러다 우연한 기회에 제주 우당 도서관에서 국민 독서 릴레이 팀을 공모한다는 소식을 알게 됐다. 제주시가 후원하고 우당 도서관이 주최하는 이 행사는 '책 읽는 도시, 제주' 사업 중 하나다. 우선 제주 시민들이 직접 투표해 어린이, 청소년, 성인 부분의 올해의 책을 한 권씩 선정한다. 국민 독서 릴레이 팀으로 선정되면 올해의 책 중 한 권을 보내주는데, 팀원 전원이 릴레이로 읽고 창의적으로 독후 활동을 한 다음 결과물을 제출하면 된다.

함께 읽기를 권하는 이토록 근사한 방식이 있을까 감탄스러웠다. 우리 반 아이들에게 공유와 연대의 정신을 가르칠 좋은 기회다 싶기도 했다. 얼른 어린이 도서 독서 릴레이 팀에 지원했고, 4월 초 제주 우당 도서관으로부터 이현 작가의 《푸른 사자 와니니》를 선물 받았다. 인터넷 주문으로도 살 수 있는 책이지만 제주 우당 도서관을 친구로 품고, 대구 어린이들의 대표라는 자부심을 얻었기에 이 책 선물은 남다른 의미가 있었다.

《푸른 사자 와니니》는 무려 스물여덟 번의 구글 미트 화상 책읽기를 통해 한 글자도 빠지지 않고 통째로 함께 읽었다. 그래서인지 우리 반 아이들의 애정도 듬뿍 받았다. 그 덕에 '부엉이 상담소'팀으로 참가한 국민 독서 릴레이 대회에서 최우수상을 받았고, 아이들에게 50만 원의 상금까지 안겨줄 수 있었다. 미처 예상하지 못한 수상 소식에 학생들이 터트린 기쁨의 함성은 아직도 귓가에 선명하다.

"오늘 엄마 아빠한테 통닭 한 마리 쏴야겠어요."

김칫국을 마시던 한 아이의 소감에 반 학생들과 함께 박장대소한 추억은 오래도록 기억될 것 같다.

《푸른 사자 와니니》를 완독하고 나자 온 책 읽기에 자신감이 붙었다. 그래서 2학기 함께 읽을 책 목록에는 아이들의 바람에 따라 장편동화인 《가정통신문 소동》, 《이상한 아이 옆 또 이상한 아이》, 《아빠를 주문했다》 세 권을 올렸다.

신기하게도 아이들의 읽기 성향은 매해 조금씩 다르다. 그래서 2학기에 함께 읽을 목록을 정할 때는 아이들의 의견을 반영하려고 최대한 노력한다. 예년 4학년들에게는 그림책을 더 많이 읽어줬지만, 2020년에는 랜선 독서 시간 덕분에 만만치 않은 두께의 책도 아이들과 함께 천천히, 그리고 깊이 읽어나갈 수 있겠다는 자신감을 얻었다.

(1) 국어 교육과정 안 도서 활용하기

국어과 교육과정은 읽기 목록을 풍부하게 제공한다. 그래서 읽을 책 목록을 만들 때 교과서와 지도서를 최우선으로 살펴봤다. 〈국어〉 교과서 마지막 쪽에는 '실린 작품' 목록이 표로 제공된다. 교과서에는 지면 제한 때문에 짧은 글 단위로만 작품이 실려 있는데, 출처를 알 수 있어서 좋다.

예를 들어, 4학년 1학기 국어 1단원에는 〈가끔씩 비 오는 날〉이 수록되어 있다. 이가을 작가의 단편동화집에 실린 열한 가지 이야기 중 대표 이야기다. 수업 시간에 단편동화집을 실물로 소개하고 추가로 〈벽시계가 있는 집〉도 읽었다. 짧은 동화였지만 아이들은 새로운 이야기

읽은 시간	제목	작가 (글/그림)	출판사, 연도	구분	학교 도서관 보유 여부
국어 1단원	〈벽시계가 있는 집〉	이가을	창비, 1998	단편동화	O
국어 2단원	《나무 그늘을 산 총각》	권규헌/ 김예림	봄볕, 2018	그림책	O
국어 2단원	〈멀쩡한 이유정〉	유은실/ 변영미	푸른숲, 2008	단편동화	O
국어 5단원	《구름 공항》	데이비드 위즈너	베틀북, 2012	그림책	O
국어 5단원	《초록 고양이》	위기철/ 안미영	사계절출판사, 2016	단편동화	O
국어 5단원	《아름다운 꼴찌》	이철환/ 장경혜	RHK, 2014	그림책	O
구글 미트 조회시간	《푸른 사자 와니니1》	이현/ 오윤화	창비, 2016	장편동화	O
동아리 시간	《가정통신문 소동》	송미경/ 황K	위즈덤하우스, 2017	장편동화	O
동아리 시간	《아빠를 주문했다》	이현/ 오윤화	창비, 2018	장편동화	X
아침 독서시간	《이상한 아이 옆 또 이상한 이이》	송미경/ 조미자	위즈덤하우스, 2016	장편동화	O (학급인원만큼)

2020년 우리 반 아이들과 함께 읽은 온 작품 목록

를 접해서 좋다고 했다. 온 책을 통째로 읽고 싶어 하는 아이들도 생겼다. 슬며시 학급문고에 꽂아두자 뒤늦게 이가을 작가의 단편 동화집을 발견하고 기뻐하는 몇몇 아이들의 모습도 흐뭇했다.

또 〈국어〉 교사용 지도서에 있는 '들려줄 이야기 수록 목록'을 참고했다. 이 목록의 가장 좋은 점은 모든 이야기를 '전자 저작물'로 볼 수 있다는 것이다. 교육부에서 제작하고 배포하는 국어과 '전자 저작물'은 매년 초등교사들에게 USB로 제공된다. 컴퓨터에서 USB 폴더를 연

뒤 [ebook 〉 storybook] 경로로 들어가면 단원별로 이야기를 볼 수 있으며 수업 중 곧바로 전자책을 화면에 띄워놓고 함께 이야기를 읽을 수 있다.

이렇게 교과서와 지도서를 참고해서 초안을 만드니 4학년 1학기만 해도 약 스물여 권의 도서가 추려졌다. 다음으로는 이 책들을 학교 도서관에서 빌려서 훑어본 뒤 함께 읽을 작품을 좁혀나갔다. 직접 찾아가지 않아도 우리 학교 도서관의 보유 책 목록을 검색해볼 수 있다. '독서교육종합지원시스템' 누리집에서 지역을 설정한 뒤, '우리 학교 자료 검색'을 클릭하면 된다. 찾는 책의 청구 기호를 미리 적어가니 학교 도서관에서 장서를 빠르게 찾을 수 있었다.

개인적으로 학교 도서관의 책을 읽을 목록의 우선순위로 하는 이유는 다음과 같다. 첫째, 따로 책 구입 예산이 들지 않는다. 둘째, 학급 아이디로 여러 권의 책을 연장된 기간 동안 대출할 수 있다. 셋째, 수업에서 학생들에게 실물로 소개해준 뒤 더 읽고 싶으면 언제든지 학교 도서관으로 가보라고 말해줄 수 있다. 교사가 먼저 도서관을 드나들며 학교 도서관과 친하게 지내는 모습을 보여주는 것은 책 읽는 교실을 만드는 지름길이라고 생각한다.

(2) 국어 교육과정 밖 도서 활용하기

교과서에 나오지 않지만 아이들과 함께 읽기 좋은 작품을 매년 차곡차곡 발굴하려고 노력한다. 대형 인터넷 서점의 특화된 분류 기능과 서평 등으로도 쉽게 책을 추천받을 수 있지만, 신뢰 가능한 어린이 책을 추천받고 싶을 때는 몇 가지 누리집을 뒤적거린다. 방대한 신간 도서를

인터넷 주소	학교도서관 보유 여부
가온빛 (www.gaonbit.kr)	• 매년 추천 그림책 BEST 101 목록을 업데이트함. • 그림책 놀이, 그림책 작가, 주제별 묶음 그림책 정보를 제공하는 등 그림책에 특화된 누리집임.
국립어린이 청소년도서관 (www.nlcy.go.kr)	• 매월 사서추천도서와 또래추천도서 목록을 업데이트함. • 국내외 문학상의 연도별 수상 목록을 확인할 수 있음. • 독서 활동 도움 꾸러미를 PDF 파일로 제공함.
세종도서 온라인시스템 (http://bookapply.kpipa.or.kr/)	• 매년 한국출판문화사업진흥원에서 선정한 우수 학술 · 교양 도서를 업데이트함. • 누리집에서 독자별 검색 기능 제공함.
어린이 도서 연구회 (www.childbook.org)	• 매년 어린이 추천도서 목록을 연령별로 세분화해서 업데이트함. • 지역별로 지부가 있으며 어린이 도서 관련 심포지엄이나 독서교육 직무연수를 개최함.
행복한 아침독서 (www.morningreading.org)	• 매년 아침독서 추천 목록을 어린이책/청소년책/교사용책으로 구분하여 업데이트함. • 매달 아침독서신문을 발간하고 있어 독서교육사례와 도서 관련 소식을 살펴볼 수 있음.

읽을 목록을 만들 때 참고하는 누리집

일일이 접하기란 현실적으로 불가능하므로 매년 한두 번 정도는 누리집의 추천 목록을 살펴보며 좋은 책들의 제목과 친근해지려고 노력하는 편이다. 이렇게 하면 서점이나 도서관에서 좋은 책을 발견할 확률도 더 높아지는 것 같다.

2) 블렌디드 온 작품 읽기

코로나19라는 특수 상황에서 온라인 수업이 전면 확대되면서 자연스럽게 온오프라인 온 작품 읽기를 시도할 수 있었다. 장기화된 온라인 수업으로 인해 학생들의 온라인 학습 기능도 자연스럽게 향상됐다. 따라서 e학습터, 클래스팅, 구글 클래스룸, 구글 미트 화상 수업과 같은 다양한 온라인 플랫폼을 점차적으로 블렌디드 온 작품 읽기에 활용할 수 있었다. 온 작품 읽기 시간도 예년보다 여유 있게 확보 가능했다. 사회적 거리두기 방침에 따라 전 학년 통합이 아니라 학급 단위로 운영되는 동아리 시간을 온 책 읽기에 활용했고, 구글 미트 화상 조회도 활성화해서 매일 아침 랜선 독서를 꾸준히 실시했다.

(1) 어디서 읽을까?

온 작품 읽기는 온라인에서든 오프라인에서든 어디에서나 가능하다. 내가 활용한 온라인 읽기의 방법은 크게 두 가지다. 첫째, 교사가 책을 소개하는 동영상을 사전 제작하여 e학습터에 올려주고 학습자가 해당 강좌를 클릭해서 보게 한다. 둘째, 구글 미트 화상 수업에서 만나 실시간 쌍방향으로 함께 읽는다.

e학습터에 작품 관련 영상을 올릴 때는 반드시 저작권에 유의해야 한다. 길이가 짧은 그림책이라도 전체 작품을 스캔한 뒤 낭독 영상을 유포하는 것은 원칙적으로 저작권에 위배된다. 작품 관련 영상을 업로드하고 싶다면 줄거리나 리뷰 등을 넣은 작품 소개 동영상 정도로 가볍게 제작하자.

구글 미트나 줌 화상 수업 시간에 실시간으로 읽어주는 방법은 단지 온라인으로 장소를 옮겼을 뿐 교실에서 아이들과 함께 읽기를 실시하는 것과 방법적인 측면에서 크게 다르지 않았다. 그러나 아이들의 반응까지는 생생하게 느낄 수 없고, 교실에서만큼 활발히 소통할 수도 없다는 점이 아쉬웠다. 그래서 컴퓨터와 태블릿을 동시에 활용하기 시작했다. 컴퓨터는 메인 발표 화면으로, 태블릿은 학생들의 반응을 모니터하는 용도였다. 구글 그리드 보기(Grid View) 기능을 활용해 전체 참가자의 카메라 화면, 마이크 활성화 유무를 한눈에 확인했다. 각자 카메라로 얼굴을 클로즈업하라고 부탁한 뒤 아이들의 표정을 확인하는 한편, 언제든지 하고 싶은 이야기나 묻고 싶은 질문이 있으면 마이크를 켜고 말해도 괜찮다고 독려했다.

온라인에서 온 작품 읽기를 실시할 때는 늘 화면에 텍스트를 공유해줬다. 아이들은 텍스트 공유가 온라인 읽기 집중력을 높이는데 도움이 되고, 소리가 지지직거릴 때 텍스트를 따라가며 내용을 놓치지 않아서 좋다고 이야기했다. 화면으로 텍스트를 공유하는 방법은 아주 쉽다. 휴대폰 스캐너 앱을 사용해서 PDF 파일로 전환한 뒤 컴퓨터 화면에 띄워주면 된다. 주로 사용한 스캐너 앱은 캠 스캐너(CamScanner)인데, 무료 버전으로도 수업 중에 잠깐 활용할 PDF 파일 정도는 무리 없이 만들 수 있었다. 일괄 처리 모드로 설정한 뒤 책을 한 장씩 카메라로 찍고, 찍힌 여러 장의 사진을 하나의 PDF 파일로 편집한 뒤 메일이나 메신저로 공유했다.

텍스트가 삐뚤거나 흐리게 찍혀도 앱에 내장된 처리 기능으로 제법 반듯하고 선명하게 수정해주기 때문에 너무 정성껏 사진을 찍지 않아도 괜찮았다. 저장한 PDF 파일은 저작권을 준수하여 학생들에게 실시간으로 읽어줄 때만 활용하고 타인과 공유하거나 학급 홈페이지 등에 업로드 하지 않도록 주의해야 한다.

(2) 어떻게 읽을까?

온 작품을 읽을 때는 함께 읽기를 원칙으로 세웠다. 같은 작품을 느리게, 깊이, 모두가 읽는 것이다. 함께 읽기의 방법은 학생 낭독, 교사 낭독, 개별 묵독으로 나눌 수 있다.

학생 낭독은《나무 그늘을 산 총각》,《아름다운 꼴찌》같이 교과서에 전문이 실린 작품을 읽을 때 사용했다. 미리 학생들에게 읽을 부분을 알려주고 자연스러운 속도와 분명한 발음으로 읽는 연습을 하도록 부탁하니 좋았다.

학생 낭독의 묘미는 대화체의 등장인물 목소리 연기에 있다. 구글 미트로《나무 그늘을 산 총각》을 아이들이 돌아가며 낭독할 때였다. 욕심쟁이 영감과 당돌한 젊은이의 대화가 이어졌는데, 처음에는 쑥스러워하더니 한 아이가 실감나게 목소리 연기를 시작하자 낭독에 탄력이 붙었다. 동화 구연 뺨치는 책 읽기를 온라인으로도 생생하게 경험할 수 있었다.

교사 낭독은 아이들이 텍스트를 가지고 있지 않은 경우, 이를테면《푸른 사자 와니니》와《가정통신문 소동》같이 온 책을 읽는 경우에 유용했다. 이때 하루에 읽을 분량을 정해두고 지나치게 얽매이는 것을 경계해야 한다는 교훈을 얻었다.

《푸른 사자 와니니》를 읽기 전에, 하루에 한 챕터씩 읽어주자는 목표가 있었다. 그런데 챕터마다 호흡이 다르고 이야기가 빠르게 전개되는 때가 있는가 하면, 아이들과 함께 나누고 싶은 질문이 유독 많은 부분도 있었다. 어느 순간 '하루에 한 챕터씩'이라는 목표가 버겁게 느껴졌다. 온 작품 읽기의 목표가 처음부터 끝까지 한 작품을 다 읽는 것이 아님을 간과한 실수였다.

온 작품 읽기는 한 작품의 가치를 다양하게 탐색하고 삶의 일부로 확대하는, '온전한 읽기'를 경험하는 것을 목표로 한다. 따라서 교사가 낭독할 때는 아이들의 내용 이해도를 확인하는 한편, 스스로의 삶에 적용할 만한 질문을 던질 수 있도록 자유롭게 탐색하고 소통하는 장을 열어줘야 한다. 그런 기회가 포착되면 교사는 언제든 멈춰 설 여유를 가지고 있어야 한다.

《푸른 사자 와니니》를 다섯 번째 읽던 날, 분량으로부터 자유로워지기로 마음먹었다. 읽고, 멈추고, 묻고, 생각을 나누고, 아이들과 같이 호흡하면서 책 읽어주기의 분량 압박에서 자유로워질 수 있었다. 처음에는 하루에 한 장씩 총 17일에 걸쳐 읽어주어야겠다고 계획했지만, 실제로는 28차로 나눠 읽었다. 느리게 읽고 깊이 나누는 온 책 읽기는 학급 구성원 모두가 촘촘히 관계를 맺어가도록 징검다리의 역할을 해준다는 것을 느낄 수 있었다.

개별 묵독은 학생 수만큼 책을 제공해줄 수 있을 때 유용하다. 2학기 아침 독서 시간에 우리 반은 도서관에서 아이들 수만큼 빌린 《이상한 아이 옆에 또 이상한 아이》를 묵독했다. 이때도 일정한 분량을 함께 읽도록 유도하기 위해 칠판에 다음과 같이 적어두었다.

> '오늘은 15쪽까지만 읽으세요. 절대 더 이상 읽지 마세요.'

아이들은 약속을 지키면서도 뒷이야기가 궁금해서 안달이 났다.

"선생님, 절대 읽지 말라니까 괜히 더욱더 읽고 싶은 맘이 들어요."

유머 감각이 뛰어난 한 남자아이가 떤 너스레다.

'더 읽고 싶다'는 설렘과 호기심이 즐겁게 책을 읽게 하는 열쇠가 되는 것 같다. 무리해서 쪽수를 정해주기보다는 충분히 읽고도 시간이 남을 정도의 분량만큼만 정해주는 편이 더 좋았다. 빨리 읽는 학생들은 다시 한 번 읽으며 자연스럽게 이야기를 깊이 접하고, 느리게 읽는 학생들은 속도에 쫓기지 않는 모습을 볼 수 있었다.

(3) 언제 읽을까?

책 읽어주는 시간으로 아침 독서 시간, 국어 시간, 동아리 시간, 그 밖의 자투리 시간을 활용했다. 교실에서 처음으로 책 읽어주기를 시작하던 해, 일주일에 단 하루만큼은 아침에 '책을 꺼내서 읽어라' 하기보다 '얘들아, 책 읽어줄까?' 말해주자고 다짐했던 기억이 난다. 실제로 아침 낭독 시간이 모이면 생각보다 많은 책을 읽어줄 수 있었다. 매일 구글 미트로 만나 아이들의 얼굴을 익히고, 야금야금 온 책 읽기를 하고 책 수다를 떨면서 아이들은 조금씩 가까워졌다. 출석하라고 다그칠 필요 없이 책의 뒷이야기를 궁금해하며 모두가 온라인 공간에 조금씩 익숙해졌다.

국어 시간은 함께 읽기에 더없이 좋은 교과 시간이다. 특히, 개정 국어과 교육과정에서는 한 학기 독서 단원을 8차시 이상으로 구성하도록 명시했다. 1차시가 40분이니 최소 5시간 20분은 교과서 밖의 책을 읽고 이런저런 독서 활동을 시도할 시간이 공식적으로 주어지는 셈이다.

우리 반은 2학기 독서 단원에 주어진 시간을 100퍼센트 활용해서 서진 작가의 장편동화《아빠를 주문했다》를 함께 읽었다. 인공지능 로봇이 활보하는 미래를 함께 상상해보며 읽기의 즐거움을 만끽할 수 있었다. 책의 제목을 '아.주'로 줄여 부르는 것이 우리 반의 문화가 되어 책장의 마지막을 덮을 때까지 '아.주'의 결말에 대해 끊임없이 토론했다. 1권으로 이야기가 끝난 것을 아쉬워하며 2권에 이어질 이야기를 지어서 서진 작가님께 메일을 쓰기도 했다.

《아빠를 주문했다》같은 장편동화를 읽어줄 때의 묘미는 결정적인 순간에 이야기를 멈추는 것이었다. 아이들이 "아이, 제발 조금만 더 읽어주세요!"라고 애원하면 마지못해 조금 더 읽어주는 척했지만, 사실은 나 자신이 뒷이야기가 궁금해 못 견딜 때도 많았다. 극적인 순간에 멈추는 것은 책 읽기 시간이 기다려지게 만드는, 간단하지만 쓸모 있는 비법인 것 같다. 자투리 시간 역시 아이들이 좋아하는 책 읽기 시간이었다. 수업이 일찍 끝난다거나 예기치 않게 토막 시간이 날 때 "책 읽어줄까?" 운을 띄우면 기쁨의 함성 소리를 들을 수 있었다.

독서 관련 동아리를 맡으면서 〈창·체〉 시간에도 책 읽을 시간을 확보할 수 있었다. 특히 시교육청에서 지원하는 책 쓰기 동아리를 공모하여 알차게 예산을 활용했다. 각 시·도별로 실정에 차이가 있겠지만 독서인문교육의 비중은 크기 때문에 다양한 교육청 예산이 있다. 학기 초에 각종 독서인문 관련 공문을 주의 깊게 살펴보고 신청하면 큰 도움을 얻을 수 있을 것이라 생각한다.

대구시 교육청 미래교육과에서는 2020학년도에 '인문정신 실천 학생 책 쓰기 동아리'를 공모했다. 초·중·고 포함 모두 18팀을 선발하여 각 150만 원의 예산을 배부했으니 비교적 규모가 큰 지원 사업이다. 학생 책 쓰기 동아리로 참여한 팀은 '저자 책 축제'에 참여하거나 '우수

내역	품목	금액	활동
출판 편집 인쇄비	규격 166X246 컬러 표지- 흑백 내지 128p 무선제본 100부	700,000원	〈열한 살 부엉이 상담소〉 책 출판
도서 구입비	어린이 책 30권	300,000원	여름방학 1인 1책 읽기, 교실 속 온 작품 읽기
간식비	빵, 음료 30인분	150,000원	출판기념회 다과
활동 구입비	작가 노트 30권/ 1~5위 상품	200,000원	'부엉이 상담소' 글쓰기 / 〈받고 싶은 가정통신문〉 경연대회 시상식
강사비	강사료, 원고료	150,000원	온라인 작가와의 만남

2020학년도 학생 책 쓰기 동아리 예산 활용 내역

출판물 지원 사업'에 공모하고, 같은 관심사를 지닌 초·중·고 선생님들과 교류하는 등 여러 혜택을 누릴 수 있다. 개인적으로는 일정 예산을 확보해 지도하는 학생들에게 마음껏 지원해줄 수 있다는 점이 가장 좋았다.

3) 블렌디드 독후 활동

(1) 마리오 게임

책을 읽고 학생들의 내용 이해도를 가볍게 확인하기 위해 자주 독서 퀴즈를 했다. 구글 미트 화상 수업에서 실시간 쌍방향으로 진행했던 '마리오 게임'은 온라인 독서 퀴즈로 가장 높은 호응을 얻었다.

'마리오 게임'은 문제를 맞히고 운에 따라 점수를 얻는 팀 경쟁 게임이다. 주로 영어 교과 시간 단원 정리용으로 쓰던 것을 올해 온라인 독

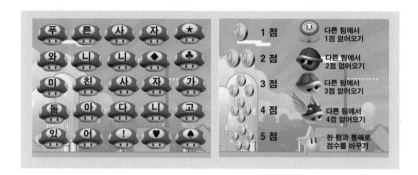

서 퀴즈에 활용했다. PPT로 만들어진 보드판에서 임의의 문제를 선택하고, 정답을 맞히면 운에 따라 점수를 얻거나 때로는 빼앗긴다. 끝까지 결과를 예상하기 어려워서 학생들이 매우 즐겁게 참여했다.

승패 때문에 공정성이 관건인데, 연결이 원활하지 않아 대답해야 할 학생이 갑자기 사라진다거나 음성 수신이 불안정해서 점수를 잘못 주는 등 개운치 못한 상황이 생기기도 했다. 한 번은 인터넷 연결 상태가 고르지 않았는지 한 아이가 퀴즈 정답을 말했음에도 내가 못 알아듣는 일이 반복됐다. 그러자 어떤 친구가 "선생님, 바보!"라고 속마음을 이야기하고 말았다. 한순간 정적이 흘렀고, 교실에서 덩그러니 앉아 있던 나는 몹시 막막한 기분을 느꼈다. 이 웃지 못할 에피소드 덕분에 우리 반은 학습을 잠시 멈추고 온라인 수업에서 지켜야 할 예의와 규칙에 대해 이야기 나눌 수 있었다. 교사의 입장에서는 진행이 조금 까다로웠지만 그래도 아이들은 가장 재미있는 독서 퀴즈였다고 입을 모았다.

(2) 온라인 OX 퀴즈

온라인 OX 퀴즈도 구글미트 상에서 쌍방향으로 진행했던 독서 이해도

《푸른 사자 와니니》는 아프리카 세렝게티의 초원에서 버펄로를 공격하는 암사자 무리의 긴장감 넘치는 사냥 장면으로 시작된다. 그 무리에는 몸집 작고 겁도 많은 어린 암사자 와니니가 있다. 어느 날, 와니니는 존경하는 마디바 할머니로부터 "어차피 오래 살지 못할 쓸모없는 아이"라는 말을 듣고 만다. 와니니는 자신이 쓸모 있다는 것을 보여주기 위해 나섰다가 동료 암사자 말라이카를 죽을 위험에 빠뜨리고 그 이유로 무리에서 쫓겨난다.

혼자가 된 와니니는 초원을 방황하다가 수사자들(절름발이 아산테, 고아 잠보)을 만난다. 조금 모자란 듯하지만 든든한 친구를 얻은 와니니는 조금씩 사냥 실력을 갈고 닦고, 또 남다른 포용력을 발휘하며 성장한다. 그 뒤 초죽음 상태에서 가족들에게 무참히 버려진 말라이카와 재회하고, 무리의 일원으로 따뜻하게 받아들인다. 이후 마디바 할머니의 무리를 무투라는 사자가 공격할 계획이라는 걸 미리 알아차리고, 무투의 공격으로부터 마디바 무리를 구해낸 뒤 마디바 무리로 돌아오라는 말을 거절하고, 친구들과 와니니 무리를 이룬다. 연약하고 보잘것없던 와니니는 우정과 용기를 바탕으로 자신만의 목소리로 포효하는 초원의 우두머리로 우뚝 성장한다.

퀴즈다. 수업 전 미리 학생들에게 파란 종이와 빨간 종이를 준비하도록 공지했다. 답을 표기하는 대신 'O'는 파란색을, 'X'는 빨간색을 들도록 하니 단순하지만 뚜렷한 시각적 효과를 느낄 수 있었다.

(3) 멘티미터 워드 클라우드

멘티미터 워드 클라우드(Mentimeter Word Cloud)는 정답이 없는 문제에 대해 짧게 생각을 표현할 때 사용하기 좋았다. 이를테면 "쓸모없는 아이라는 말을 엿들은 와니니의 기분은 어떨까?"를 문제로 내고 각자의 생각을 공유해보게 했다. 다양한 형용사가 실시간으로 화면에 떠올라 학생들의 생각을 한눈에 보기 좋았다.

(4) 딩동 답장

'마리오 게임'이나 '온라인 OX 퀴즈'가 단순 내용의 이해도를 확인하기 위한 활동이라면 '딩동 답장'은 깊이 있는 생각이나 의견을 밝히고 그 이유를 표현하는 활동이다. 교사가 함께 읽은 작품과 관련된 질문을 던지면, 학생들은 그에 대한 자신의 생각을 답장으로 보내거나 적어서 발표한다.

아이들은 딩동 답장을 통해 말라이카를 해친 범인이 누군지 그럴 듯한 가설을 세우기도 하고, 마디바가 죽어가는 말라이카를 버린 것이 정당한지 논쟁했다. 말라이카를 공격한 것이 무투의 무리였다는 것을 깨달은 와니니가 어떤 행동을 결단해야 할지 의논할 때도 모두의 생각이 달라서 무척 흥미로웠다. 죽음, 사랑, 용기와 같은 관념적인 가치에 관한 주제가 이야기 속에서 등장할 때는 흥미를 유발하는 질문을 만들어 생각을 공유하기도 했다.

온라인 수업에서의 '딩동 답장'은 화상 회의의 채팅창이나 구글 설문, 혹은 프레젠테이션을 활용하여 실시간 답장이 공유되는 방식으로 했다. 교사만 먼저 딩동 답장을 볼 수 있도록 전송하는 방법도 좋았다. 실시간 채팅으로 생각을 공유하면 아이들이 자기도 모르게 서로의 생각을 베껴 쓰기도 한다. 반면 교사에게 개별적으로 전송되는 방식을 사용하면 시간은 더 걸리지만, 그만큼 자신만의 답을 떠올리기 위해 충분히 고민하고, 각자 답장을 보내는 시간 동안 묘한 긴장감도 흐른다. 천천히 생각하고 느리게 적는 아이들을 위해 충분한 시간을 주면서, 때로 과도한 리액션을 통해 놀랄 만큼 획기적인 답장이 왔음을 암시해주기도 했다. 답장이 충분히 도착하면 아이들의 의견을 종합적으로 분류해서 알려주거나 뛰어난 답을 보낸 아이들의 이름을 호명하여 친구들에게 발표하도록 유도했다.

《푸른 사자 와니니》 딩동 답장 1   👤 ♡ 👍 🔖

말라이카를 해친 범인이 아산테와 잠보라는 와니니의 생각에 동의하나요?

아마존	아니요. 아산테와 잠보는 와니니도 무서워할 정도였으니 자신감 넘치는 말라이카를 죽일 베짱이 없는 것 같습니다.
마카롱	아니요. 아산테와 잠보가 말라이카를 죽였다면 사냥도 잘한다는 뜻인데 둘이 엄청 말라서 굶주려 있다고 했잖아요.
몽크	네. 아산테와 잠보가 범인입니다. 그날 밤 와니니가 둘을 우산나무 숲으로 둘을 보내주었습니다. 우산나무 숲으로 간 말라이카가 피투성이가 된 것은 두 사람이 와니니인 줄 알고 복수를 했기 때문입니다.
초코송이	죽었을 것 같긴 한데 그 이유는 모르겠어요.
세종대왕	그냥 뛰다가 심하게 넘어졌을 거 같아요.
수호천사	아산테와 잠보의 행동을 보면 뭔가 어설프고 착한 것 같아요. 말라이카를 죽일 정도로 잔인할 것 같진 않아요.
잠만보	아산테와 잠보가 은혜를 갚으려고 와니니를 구해준 것 같은데요?
네네	수사자는 뒤통수를 잘 치니까 겉으로 착한 척하지만 실제로는 말라이카를 헤쳤을 것 같아요.
페라리	제 생각에는 제3의 인물이 범인으로 숨어 있을 것 같아요. 그냥 느낌이 그렇습니다.

(5) 교과 시간 연계 활동

교과 수업에 책 읽기를 연계할 수 있는 방법은 무궁무진하다. 우선, 국어 교과는 학습 목표와 독후 활동을 일치시켜서 연계할 수 있다. 특히 격일 등교의 기간 동안 하루걸러 온라인 수업을 하면서 자연스럽게 블렌디드 러닝의 방식으로 수업을 설계할 수 있었다.

이를테면 4학년 1학기 국어 3단원에서는 몸짓, 표정, 말투를 적절히

《푸른 사자 와니니》 딩동 답장 2

말라이카를 공격한 것이 무투의 무리였다는 것과 무투가 마디바 무리를 공격할 계획을 세우고 있다는 사실을 와니니는 알게 되었습니다. 여러분이 와니니라면 어떤 행동을 결단할까요?

축구왕	저라면 자신을 쓸모없는 아이라고 버린 마디바를 복수할 기회니까 그냥 모른 척 할것 같아요.
햇님	일단 무투를 기습 공격해서 말라이카를 다치게 한 것에 복수해줄 것 같아요.
밸리댄서	무투와 싸우기엔 와니니 무리가 너무 힘이 없으니까⋯⋯. 저라면 마디바 할머니를 꼬드겨서 손잡고 무투 무리를 같이 공격할 것 같아요.
뭉크	싸움을 지켜보다가 한쪽이 지고, 한쪽은 힘을 잃으면 그때 제대로 공격해서 초원의 왕이 될 겁니다. 하하하!
초코송이	일단은 아산테, 잠보 같은 친구들이랑 같이 의논해봐야 할 것 같아요.
뒷북소년	너무 어려워요⋯⋯. 그냥 다른 초원으로 가면 안 될까요. ㅠㅠ
싹쓰리	말라이카한테 시켜서 마디바 무리한테 사실을 알려주고 무투로부터 도망가라고 할 것 같아요.
잠만보	와니니는 귀가 밝으니까 무투 무리 근처에 가서 공격 계획을 엿들을 거예요.
미니미	무투가 제일 나쁘니까 일단은 무투 무리를 쫓아낼 방법을 찾고 싶습니다. 마디바 할머니 무리가 숫자가 많으니까 일단 같이 싸우자고 이야기할 것 같습니다.
화려한 장미	그동안 갈고 닦은 사냥 기술을 전부 써서 두 무리를 모두 정복하겠습니다.

사용하여 말하기를 배운다. 이를 위해 《푸른 사자 와니니》 등장인물의 몸짓, 표정, 말투를 흉내 내고 무슨 장면인지 맞히는 퀴즈 활동을 했다. 온라인 수업에서 먼저 교사가 구글 문서에 동영상 삽입과 음성 입력

교과	단원	학습 목표	《푸른 사자 와니니》 연계 활동
국어	3. 느낌을 살려 말해요	몸짓, 표정, 말투를 사용해 말할 수 있다.	몸짓, 표정, 말투를 보고 어떤 장면인지 맞추기
온라인 활동		오프라인 활동	
구글 문서에 '동영상 삽입'과 '음성입력' 기능을 활용하여 등장인물의 몸짓, 표정, 말투를 녹음한 퀴즈를 내면 어떤 장면인지 맞히기		교실 앞에서 한 명씩 나와서 몸짓, 표정, 말투를 보고 어떤 장면인지 맞히기	

세종대왕 《푸른 사자 와니니》의 개코원숭이가 무화과를 먹고 취한 웃음소리를 흉내 낸 게 정말 재미있었다.

마카롱 구글 클래스룸에서 친구들이 각자 올린 문제를 모두 볼 수 있어서 좋았어요. 같은 장면을 서로 다른 방식으로 표현한 것이 신기했어요.

미니미 구글 문서에 동영상을 올리는 방법이 어려워서 결국 퀴즈를 못 낸 게 아쉽ㅜㅜㅜ 그래서 교실에서 퀴즈를 한 번 더 한다고 할 때 정말 반갑!

미니미 친구들 앞에서 퀴즈 낼 때 좀 긴장되고 쑥스러웠지만, 친구들의 몸짓과 표정에 더해 말투까지 실감나게 볼 수 있어서 좋았다.

기능을 시범 보이면, 아이들은 배운 기능을 활용하여 실시간으로 퀴즈 문제를 생성하고 답하는 방식으로 퀴즈를 진행했다. 한편 교실 수업에서는 같은 활동을 하되, 한 명씩 앞으로 나와 퀴즈를 내고 맞혔다.

학급 회의 단원에서는 온라인 학급 회의에서 '이현 작가님을 학급에 초대할 것인가?'로 다수결 회의의 절차와 규칙을 배우고, 교실에서는 '작가와의 만남'에서 어떤 활동을 하면 좋을지 의견을 주고받는 확산적 회의를 열었다.

'작가와의 만남' 회의   👤 ♡ 👍 🔖

교과	단원	학습 목표	《푸른 사자 와니니》 연계 활동
국어	6. 회의를 해요	회의 절차와 규칙을 알고 적극적으로 참여할 수 있다.	'작가와의 만남' 찬반 토론, '작가와의 만남' 프로그램 토의하기
온라인 활동		**오프라인 활동**	
구글 미트 화상 회의로 찬반 토론을 진행하고, 멘티미터 막대그래프로 표결을 확인하기		'작가와의 만남'에 들어갈 프로그램을 조별로 토의하고 마인드맵 그리기	

햇님

3학년 때도 학급 회의를 진행했지만 화상 회의에서 사회를 맡으니 더욱더 긴장되는 느낌이었습니다. 일단 학급회의 내용을 마인드맵으로 정리했습니다.

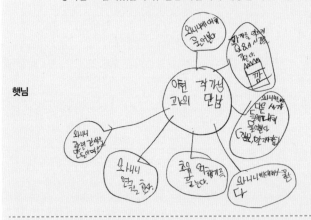

풋사과
만장일치로 찬성일 줄 알았는데, 반대가 2표나 있어서 의아했어요. 누가 잘못 투표한 건 아닐까요?

축구왕
총 투표수가 맞아 떨어지지 않아서 좀 찜찜하긴 하지만, 그래도 압도적인 찬성이었으니까.

수호천사
작가님이 오신다면 감사함의 표시로 우리 반이 같이 준비한 선물을 드리면 근사할 것 같아요!

잠만보
아! 전에 했던 장면 맞히기 퀴즈를 작가님께 내면 어떨까요? 정말 재밌을 것 같아요.

솜사탕
진짜 좋은 생각이다! 근데 진짜로 작가님을 우리 반에 초대할 수 있을까?

한편 국어과 이외의 교과 시간에는 책 내용이나 등장인물을 수업의 소재로 활용하기 좋았다. 예를 들어, 과학 시간에 혼합물을 분리하는 단원을 배울 때는 우선 e학습터에서 소금물로 그림을 그리는 원리와 방법을 강의 영상으로 학습한 뒤, 교실 수업에서 《푸른 사자 와니니》의 등장인물 초상화를 그리고 완성된 작품을 학급 게시판에 전시했다.

미술 시간에 사진을 활용한 콜라주 작품을 만들 때는 그 주제를 '이현 작가 포스터 만들기'로 했다. 온라인 수업에서 구글 프레젠테이션과 미리캔버스의 기능을 간단히 시범을 보이고 완성된 온라인 포스터를 구글 클래스룸에 제출하도록 한 뒤, 교실 수업에서 발표했다.

(6) 온라인 작가와의 만남

좋은 책을 만나 깊이 좋아지면 자연스럽게 글쓴이에 대한 호기심이 생기는 것 같다. 특히 2020년 우리 반에서는 책 쓰기 프로젝트를 하며 스스로 작가가 되어보는 경험을 가져서인지 작가님을 반으로 초대하고 싶다는 아이들의 소망이 강렬했다. 온 책 읽기로 만난 작가님들을 모두 만나고 싶어 했지만 가진 예산과 작가님의 일정 등을 고려하여 송미경 작가님과의 온라인 만남을 가졌다. 이때 '책씨앗'이라는 독서문화 플랫폼을 사용하여 손쉽게 만남을 성사시킬 수 있었다.

'책씨앗'은 작가, 도서관, 독자, 출판사, 서점이 함께 만드는 독서 문화 플랫폼이다. 주제별 추천 도서 정보와 독서 활동 자료를 제공할 뿐만 아니라 독서, 체험 프로그램, 원화 전시 프로그램을 연계해준다. 그 중에서도 단연 최고는 작가와의 만남을 연결시켜주는 서비스다. '책씨앗' 누리집에서 '작가와의 만남 〉 프로그램 목록'의 경로로 희망 작가를

소금물 초상화 그리기　　　🙎 ♡ 👍 🔖

교과	단원	학습 목표	《푸른 사자 와니니》 연계 활동
과학	5. 혼합물의 분리	반짝반짝 소금물 그림 그리기	등장인물 초상화로 소금물 그림 그리고 작품 전시하기

온라인 활동	오프라인 활동
e학습터 학습 동영상을 보고 소금물 그림을 그리는 원리에 대해서 이해하기	소금물 그림 작품 완성하기

뭉크　e학습터에서 소금물 그리기 영상 봤어? 완전 신기하더라.

뒷북소년　영상 보니까 얼른 학교 가서 해보고 싶었어.

초코송이　영상을 보고 미리 공부해가니까 활동이 더 쉽게 느껴졌어. 그런데 말리는 작업이 오래 걸리더라.

싹쓰리　학교 끝나고 과학부 애들 다섯 명이 남아서 30분 정도 드라이기로 말렸어. 마지막엔 드라이기를 든 손이 얼얼하더라고. ㅠㅠ

네네　맞아! 그래도 오랜만에 친구들이랑 수다도 실컷 떨고 재미있었어.

달님　응. 작품도 잘 나와서 게시판에 걸어놓으니 멋지더라.

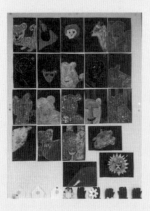

작가 소개 포스터 만들기

교과	단원	학습 목표	《푸른 사자 와니니》 연계 활동
미술	6. 사진으로 전하는 이야기	사진을 활용한 작품 만들기	이현 작가님 소개 포스터 만들기

온라인 활동	오프라인 활동
구글 프레젠테이션이나, 미리캔버스로 포스터 작품을 만들고 구글 클래스룸에 올리기	온라인으로 만든 포스터를 친구들 앞에서 발표하기

물풍선　온라인 포스터 만드는 데 얼마나 걸렸어? 난 거의 2시간 걸렸다. ㅜㅜ

발리댄서　나도 1시간 넘게 걸렸어. 선생님이 온라인으로 시범 보여주실 땐 엄청 쉬워 보였는데…….

화려한 장미　구글 프레젠테이션으로 했어? 나는 미리캔버스로 하니까 훨씬 쉬웠어. 글자만 바꿔 넣으면 되던데?

쌱쓰리　그래? 나는 그냥 손으로 그려서 사진으로 찍은 걸 과제방에 제출했어. 다음엔 나도 컴퓨터로 한번 그려봐야겠다.

미니미　발표 준비는 했니? 친구들이 작품 올린 것 보니까 내용이 너무 비슷할까 봐 걱정이야.

콩이　그래서 몇 명만 뽑아서 발표한다고 하셨나봐. 내일 보자~

검색한 뒤 웹페이지에서 신청서를 작성하고 '신청하기' 버튼을 누르면 된다. 강연 상세페이지에 '온라인' 아이콘이 표기되어 있으면 비대면 작가와의 만남도 가능하다. 신청 후 이틀 내에 해당 출판사로부터 전화가 왔다. 신청한 만남이 성사 가능한지 알려주고 일정을 조율한 뒤, 작가님의 연락처를 알려줬다. 그때부터는 작가님과 연락을 주고받으

독서 플랫폼 책씨앗

며 실제적인 조율을 이어나갔다.

클릭만으로도 작가님과 교실을 연결할 수 있지만 사실 온라인 작가와의 만남 과정이 만만치는 않다. 실제로 본 적 없는 작가님과 우리 반을 의미 있게 연결하고, 짧은 만남일지라도 깊이 있는 시간으로 만들기 위해서는 많은 공을 들여야 한다. 우선은 간단하게라도 저자와의 만남 제안서 만들기를 권하고 싶다.

제안서에는 정확한 일시, 장소, 방법, 대상뿐 아니라 작가님을 초청한 배경, 만나고자 하는 목적, 요청 사항을 명확하게 제시할수록 좋은 만남이 가능하다.

작가님과 연락이 닿았을 때부터는 의견을 충분히 조율하면서, 그 과정을 아이들에게 공유했다.

"작가님은 이 날짜에 시간이 가능하다고 해."

"작가님께서 메일로 이런 자료를 보내주셨어."

"우리 반이 '부엉이 상담소' 책 쓰기를 한 것을 무척 자랑스럽다고 칭찬하셨어."

친밀하게 약속 과정을 전해주니 아이들은 작가님과 깊은 유대감을 느끼고 만남을 무척 기대했다.

학생들에게는 작가님께 묻고 싶은 질문을 미리 준비하게 했다. 저자에게 질문할 때 들어갈 수 있는 내용 요소를 알려주고, 좋은 질문과 좋지 않은 질문의 예를 보여줬다. 아이들이 질문을 만들어오면 매끄러운 표현을 함께 고민하면서 수정하고 짝꿍과 바꿔 읽기 하며 응답을 예상해보기도 했다.

이 모든 과정에 시간과 노력이 들긴 해도 만남에 예의를 갖추는 태도와 모든 준비 과정 자체가 배움이 되도록 하는 것이 중요한 것 같다. 아이들이 정성껏 쓴 질문은 한글 문서로 정리해서 작가님께 미리 메일로 보내드렸다.

'지금 보내주신 질문을 프린트해서 읽고 있어요. 감사합니다.'

작가님의 문자를 아이들에게 보여줬더니 "아, 떨린다"라고 이야기하는 모습이 참 사랑스러웠다.

작가님과 만나던 날, 태블릿 세 대와 교사용 컴퓨터로 교실과 작가님을 연결했다. 줌으로 화상 회의를 실시했는데, 태블릿 두 대는 학생들을 카메라로 보여주는 용도로 사용했다. 남은 태블릿 한 대는 마이크 송출, 교사용 컴퓨터와 TV는 작가님의 화면 송출과 스피커의 역할을 했다.

한 시간이라는 짧은 만남을 아이들이 아쉬워했지만, 미리 책읽고 준

안녕하세요, 작가님? 먼저 〈이상한 아이 옆에 또 이상한 아이〉와 〈가정통신문 소동〉 너무 재미있게 잘 읽었습니다. 작가의 말을 보니 작가님도 어릴 때 꽤 장난꾸러기였다는 것을 알 수 있습니다. 작가라면 당연히 책을 좋아하는 모범생일거라고 생각했는데 색다른 모습이 신선하게 느껴졌습니다. 혹시 또 다른 일화가 있다면 말씀해주실 수 있으실까요? 그리고 왜 스스로가 장난꾸러기임을 자신 있게 밝히셨는지도 궁금합니다.

안녕하세요. 존경하는 작가님. 저는 〈이상한 아이 옆에 또 이상한 아이〉를 읽으며 궁금증이 생겼어요. 유심히 보니, 우성이는 좋아하는 '여보 당신 놀이'를 유리는 싫어하면서도 억지로 계속하더라고요. 작가님도 유리 같은 경험이 있어서 이런 내용을 적으신 건가요? 이런 모습을 통해 어떤 이야기를 해주고 싶으셨나요?

송미경 작가님 안녕하십니까? 저희 4학년 8반은 다같이 〈가정통신문 소동〉, 〈이상한 아이 옆에 또 이상한 아이〉를 아주 재밌게 읽었습니다. 이렇게 재미있는 책을 열심히 만들어주셔서 감사합니다! 그리고 작가님께서 보내주신 드로잉 노트도 봤습니다. 실제로 못 봐서 조금 아쉬웠지만, 직접 그림도 그린다는 것을 알게 되어 좋았습니다. 그런데 드로잉노트를 보고 궁금한 점이 생겼습니다.
첫 번째, 송미경 작가님은 어떤 계기로 드로잉노트를 쓰게 되셨나요?
두 번째, 송미경 작가님의 드로잉노트를 보니 의자 그림이 많았습니다. 왜 의자 그림을 많이 그렸는지, 또 의자 그림의 색깔이 왜 서로 다른지도 궁금합니다.

비한 질문이 빛을 발하는 밀도 있는 시간이었다. 책의 내용을 상세하게 들어 질문하는 아이들의 모습이 마음에 와닿았으며, 덕분에 더 좋은 소통을 나눌 수 있었다고 작가님도 고마워했다.

3. 책 쓰기

1) 본격적인 글쓰기

(1) 왜 이름이 '부엉이 상담소'일까?

'부엉이 상담소'는 아이들의 지혜를 존중하기 위해 지은 이름이다. 학급 안내판 우리 반 특색란에도 '부엉이 상담소 상시 운영'이라는 간판을 내걸었다. 시시때때로 아이들을 위한 선물도 준비했다. 어느 날은 머리가 팽팽 돌아가라고 초콜릿을 책상에 올려주고, 편지를 읽어준 뒤 고뇌할 시간을 준다며 학교 정원으로 침묵 산책을 떠나기도 했다. 저마다 속도와 내용은 달랐지만 누구나 고개를 노트에 파묻고 정성 어린 답장을 적기 위해 노력했다.

　'부엉이 상담소'의 운영은 기대만큼 매우 성공적이었다. 단순히 책을 읽는 것에 그치지 않고 다양한 인물의 입장이나 새로운 각도에서 이야기를 해석하고 재구성해보는 기회가 됐으며 읽기와 쓰기를 즐기는 모습마저 볼 수 있었다.

(2) '부엉이 상담소'에 보낼 편지 쓰기

책이나 이야기를 읽고 나서 '부엉이 상담소'로 보낼 편지를 쓰는 것은 교사의 몫이다. 때로는 함께 읽은 책의 주인공의 이름으로, 혹은 이야기 너머에 숨은 인물이 되어 편지를 보냈다.

'부엉이 상담소'로 보내는 편지를 쓸 때 많은 고민을 했다. 무엇보다 아이들이 답장으로 쓸 거리를 풍부하게 유도하는 편지를 쓰려고 노력했다. 의도적으로 답장의 실마리를 숨겨놓거나 재사용할 수 있는 단어나 표현 같은 것을 힘주어 반복하기도 하고, 이야기를 이해하지 못한 친구를 위해 은근히 줄거리를 알려주기도 했다. 아이들의 답장이 뻔하고 시시한 글로 반복되지 않도록 때론 사과문을 대필해달라고도 하고, 주장을 내세운 뒤 설득해보라고 하고, 새로운 이야기를 상상해보라고 요구하기도 했다. 이로써 아이들의 글은 전체적으로 서간문의 형식을 띠고 있지만 주장하는 글, 사과하는 글, 플롯을 구성하는 창작같이 다양한 장르에서의 중요한 구성을 간접적으로 경험하도록 했다.

(3) '부엉이 상담소'에 답장 쓰기

깜짝 편지를 받는 것은 아이들에게 무척 신나는 일이었다. '부엉이 상담소'로 온 첫 편지를 받았을 때는 난생처음 받아보는 학급 편지에 대한 생경함이, 두 번째는 누군가 계속 편지를 보내온다는 놀라움이, 세 번째는 누가 보냈을까 하는 호기심이, 네 번째는 새로운 편지에 대한 기다림이 드러났다. 아이들은 선생님이 편지를 보냈다는 것을 짐작하면서도 확신하지는 못했다. '편지를 누가 보냈을까?'는 우리 반의 풀리지 않는 의문이자 즐거운 소란이었던 셈이다.

제목	보낸 이	편지의 내용	키워드
〈벽시계가 있는 집〉	아버지	주인공 가족의 아버지는 사업의 실패로 빚을 많이 져서 감옥살이를 하게 됨. 죄책감과 괴로움을 느끼는 아버지가 4학년 딸에게 미안한 마음을 어떻게 갚을 수 있을지 고민을 담아 편지를 보냄.	가족, 위로
《나무 그늘을 산 총각》	영감	욕심 때문에 총각에게 자기 집 나무 그늘을 판 영감은 결국 마을에서 쫓겨나는 신세가 됨. 영감은 억울한 심정을 호소하며 자신의 입장에서 사건을 재해석한 뒤, 자신을 변호해달라고 부탁함.	재해석, 의견과 근거
〈멀쩡한 이유정〉	작가	멀쩡한 아이처럼 보이고 싶어 무진장 노력했던 작가의 어린 시절을 고백하고, 자신의 약점이나 문제를 숨기거나 멀쩡해 보이는 척 애쓰느라 소중한 시간을 허비해본 경험이 있는지 반문함.	콤플렉스, 자기다움
〈초록 고양이〉	초록 고양이	4학년 8반 교실에 있던 간식 상자를 자신이 몰래 숨겨뒀다고 고백하며, 〈초록 고양이〉의 뒷이야기를 완성하면 간식 상자를 돌려준다 함.	상상력, 플롯 완성
《아름다운 꼴찌》	수현이 아버지	수현이 아버지는 선천적으로 약한 아들을 뒤에서 몰래 마라톤을 달리고 이를 비밀로 함. 그런데 아들이 우연히 이를 알게 됨. 실망했을 아들에게 왜 그렇게 했는지 아버지의 진심을 전하고 사과하는 편지 대필을 부탁함.	사과, 진정성
우리 반 아이에게서 온 편지	익명의 우리 반 친구	친구들 앞에서 발표할 때의 두려움과 긴장된 마음을 고백하고 발표 두려움을 극복할 수 있는 방법에 대한 조언을 부탁함.	발표 두려움, 극복 방법
《푸른 사자 와니니》	와니니	와니니는 무리의 우두머리이자 존경하는 마디바 할머니가 자신을 '어차피 오래 살지 못할 쓸모없는 아이'라고 말하는 걸 엿듣게 되고 절망에 빠짐. 괴로움을 지혜롭게 극복할 방법과 엿들은 사실을 마디바 할머니께 솔직하게 말하는 게 좋을지 조언을 구함.	공감, 위로
《가정통신문 소동》	우리 학교 교장 선생님	우리 학교 전교 학생 모두가 즐거워할 수 있는 가정통신문을 만들어서 제출하도록 부탁하며, 일 등에서 오 등까지 뽑아서 선물을 증정하겠다고 약속함.	일탈, 유머
《아빠를 주문했다》	오토 맥스 초대 회장	2120년 미래에서 온 편지. 오토 맥스가 이루어낸 눈부신 인공지능 로봇 분야의 성과를 자랑스럽게 생각하지만, 마음의 회로 개발의 부작용에 대한 공포를 느낌. 지금 2020년 우리가 인공지능 로봇의 개발을 완전히 멈출 수 있다면, 로봇이 없는 미래를 선택하고 싶은지 판단을 요구함.	인공지능 로봇, 과학 발전의 득과 실

2020년 '부엉이 상담소'에 보낸 편지 목록

처음 '부엉이 상담소'에 편지를 보냈을 때는 답장을 적어서 제출한 아이들이 전체의 3분의 2 정도밖에 되지 않았고 길이도 짧았다. 하지만 거듭할수록 학생들의 답장이 길어졌을 뿐만 아니라 내용도 진정성을 더해갔다. 머리를 싸매지 않고 글쓰기 지도를 할 수 있다는 사실이 놀라웠으며, "얘들아, '부엉이 상담소'에 편지가 도착했어!"라고 운을 띄울 때 아이들의 반가워하는 모습은 교사로서 큰 기쁨이었다.

〈벽시계가 있는 집〉과 《푸른 사자 와니니》를 읽고 쓴 아이들의 답장에서 열한 살 아이들에게 공감과 위로의 기술을 한 수 배운 느낌이 들었다. 온전한 읽기 쓰기를 통해 보이지 않는 덕목의 가치를 내면화할 수 있음을 눈으로 확인하게 되어 가슴이 벅찼다.

〈나무 그늘을 산 총각〉을 읽고 영감의 입장이 되어 아이들을 꾀어보려고 했지만 대실패하고 말았다. 아이들은 답장에서 그늘조차 자기 것이라고 기만하는 영감님의 욕심과 아무에게나 버럭 하고 화내는 폭력적인 태도를 지적했다. 끝까지 자신의 입장만 강요하는 이기심과 상대의 잘못만 헐뜯는 유치함도 훤히 들여다보고 있었다. 신뢰란 하루아침에 쌓이지 않는다는 소중한 진실을 함께 생각해보는 기회였다.

《가정통신문 소동》을 읽고 펼친 '내가 받고 싶은 가정통신문 콘테스트'는 그야말로 우리 반의 작은 소동이자 축제였다. 아이들은 스스로 글쓰기를 하고 있다는 사실도 잊은 채 최고의 가정통신문을 만들어내기 위해 고군분투했다.

딱 한 번, 책과 상관 없이 부엉이 상담소에 편지가 도착한 적이 있다. 우리 반에 유독 낯가림이 심한 아이가 있었다. 눈을 마주치면 얼굴이 빨개지고 발표 차례가 되면 자리에서 일어설 엄두도 못 내는, 아마 우

또뜻한 가슴을 가진 기발한 아이들

대구광역시 달성군 다사읍 12345

대구세천초등학교

2020년
8월 28일(금)
문의 124-3567

안녕하세요. 동전 줍기, 벌레 채집과는 거리가 정말 먼 교장 선생님입니다.
아무도 읽지 않는 긴 인사를 생략하고 정말정말 중요한 이야기를 하겠습니다.
먼저 귀 자녀들이 원하는 것을 모두 사주세요. 휴대폰, 자동차 무엇이든 다 괜찮습니다. 내년의 어린이날을 준비한다고 생각하고 말이죠. 이름하여 세천초등학교의 날입니다.
둘째로 놀이공원에 가세요. 놀이공원에 가서 정말 대세가 아닌 필름카메라로 사진을 10장 찍어오세요. 사진 10장에 바이킹, 회전목마, 범퍼카, 롤러코스터, 물배 타는 자녀의 모습을 찍어주시고 남은 5장은 츄러스, 구슬아이스크림, 회오리 감자, 슬러시, 뷔페를 먹는 모습을 찍어주세요.
마지막이자 셋째는 수영장에 가세요. 수영장에서 큰 유니콘 튜브를 타고 있는 모습을 정말 대세가 아닌 필름카메라로 찍어서 학교에 들고 오세요. 만약 큰 유니콘 튜브가 없으면 물론 사주셔야합니다. 그리고 수영장의 꽃인 바비큐와 빙수를 먹는 모습도 찍어서 학교에 들고 오셔야 합니다. 총 3장이 나오겠군요. 하지만 보너스로 더 찍어오시면 아주 푸짐한 교장 선생님의 사랑을 받게 될 것입니다. 그리고 만약 단 한 가지라고 해오지 않을 시! 학교에서 아침 8시부터 밤 12시까지 수학 공부를 해야 할 것입니다. 바로 김무서움 선생님과 말입니다. 이상입니다.

-동전 줍기, 벌레 채집과는 거리가 정말 먼 세천초 교장 선생님

가 정 통 신 문

___학년 ___반 ___번

학부모님 안녕하십니까?

날씨도 덥고 코로나 때문에 외출도 못하고 집에만 계시느라 답답하고 심심하죠?

그래서 재미있고 신나는 가정통신문을 준비했습니다.

주말 동안 아이들과 함께 아이들이 좋아하는 음식을 한 가지 요리해서 인증샷을 찍어 학교 홈페이지에 올려주세요. 그리고 함께 요리한 소감도 간단히 적어주세요.

가장 맛있게 보이는 요리를 한 학생들을 5명 뽑아서 선물을 주도록 하겠습니다. 그리고 가장 많이 참여한 반은 깜짝 파티를 열어주도록 하겠습니다. 학부모님과 학생들이 많이 참여했으면 좋겠습니다.

주말 동안 가족과 즐거운 시간을 보내세요.

대구세천초등학교 교장

리 반 아이들도 한 번도 목소리를 들어본 적이 없는 아이였다.

이 아이의 반전은 수업만 끝나면 교실에 남아 나에게 온갖 수다를 떨고 간다는 것이었다. 온갖 주제로 신나게 떠들고 집에 돌아갔다가도 다음 날 수업 시간만 되면 입을 꾹 다물어버리는 일이 반복되자 황당하면서도 화가 났다. 어르고 달래도 발표 차례만 되면 망부석이 되어버리니 선생님으로서 자존심도 상했다.

살살 약이 오른 나는 그날도 어김없이 수다를 떨기 위해 방과 후에 남은 아이에게 부엉이 상담소에 편지를 한번 써보자고 꼬셨다. 부엉이 상담소를 빌미 삼아 아이의 마음을 알아보자는 심산이었다. 졸지에 아이는 친구들 앞에서 발표하려고 하면 어떤 기분이 드는지 일목요연하게 편지로 정리해야만 했고, 덕분에 나는 아이의 속마음을 들어볼 수 있었다.

아이의 바람에 따라 익명으로 부쳐진 편지는 어느 때보다 큰 반응을 일으켰다. 무엇보다 신기했던 점은 소위 말수가 적은 친구들이 가장 수다스럽고 믿음직한 답장을 써왔다는 것이었다. 같은 고민을 지니고 있어서일까? 아이들은 교사보다 더 훌륭하게 친구를 다독거리고 격려해줬다. 아이들의 목소리를 통해 비로소 나에게 절망을 안겨주던 그 아이를 깊이 이해할 수 있었다. 부엉이 상담소는 때로 교사인 나를 위한 위로였는지도 모른다.

2) 책 출판과 출판기념회 열기

(1) 책 출판
학생들이 쓴 글을 책으로 출판하기 위해서 다음의 과정을 거쳤다.

이 중 가장 강조하고 싶은 것은 단연 '기획'이다. 글쓰기를 할 때는 어떤 주제여도 괜찮지만, 책 쓰기를 한다고 결심한 순간 방향이 있는 글쓰기가 필요하다. 나의 경우에는 온 작품 읽기에 바탕을 둔 '부엉이 상담소' 편지 주고받기로 방향을 설정했는데, 이 아이디어를 구체화하기까지 적지 않은 고민의 시간을 보냈다.

고민의 답을 찾는 데는 무엇보다 이미 출판된 학생 저자 책들이 큰 도움이 됐다. 대구시 교육청에서는 2009년부터 학생 저자 우수작품을 출판 지원하고 있다. 출판 작품 수만도 303권에 이른다. 직접 시교육청에 가서 학생 저자 작품들을 유심히 비교해보니 장르와 소재를 명확히 정하는 것이 중요하다는 생각이 들었다. 작품을 살펴보니 시, 극본, 자서전, 동화 등의 다양한 장르가 있었다. 소재로는 우리 동네의 역사, 식물 관찰, 동화 패러디같이 교육적 가치가 있으면서도 개성이 느껴지는 것들이 많았다. 이에 온 작품 읽기를 중심에 두고, 편지로 상담하는 방식으로 책을 써보기로 계획했다.

기획 방향을 확실히 잡으니 '원고 수집' 단계는 학생들과 교실에서 꾸준히 해나가는 읽고-쓰기 활동으로 자연스럽게 채워졌다. 하나 주의할 점은 학생들에게 기획 방향에 맞게 잘 쓴 글 한두 편을 유도하는 것이 아니라 꾸준히 일상적으로 쓰게 해야 한다는 것이다. 내 경우에는 총 열 번의 편지를 학생들과 주고받으며, 약 200편 분량의 학생 글을 수집한 뒤, 일정한 기준을 두고 비교적 잘 쓴 글을 선정하여 탈고했다. 실제로 학생들 중에서 글쓰기 횟수가 늘어날수록 쓰는 일에 자신감을 느끼고, 쓴 내용이 눈에 띄게 풍성해지는 경우가 많았다. 많이 써보고, 잘 쓰려고 노력하는 행위는 중요한 글쓰기 교육의 과정이라 생각한다. 이런 과정으로 책을 출판한다는 것이 저자로서 책임감이 따르는 행위임을 느낄 수 있도록 하고 싶었다.

원고 수집 과정에서 아이들이 쓴 글을 온라인에 꾸준히 업데이트하도록 지도하면 좋을 것 같다. 나는 이 부분을 놓치는 바람에 막바지 작업에서 아이들의 작품을 일일이 타이핑하는 꽤 중노동을 경험했다. 초고는 손으로 적고, 퇴고할 때 한글 문서로 옮겨 쓰게 하면 어땠을까 생각해본다. 타자가 느린 아이들에게 과한 과제가 되지 않을지 여전히 조심스럽지만, 온라인상에서는 학생들끼리 서로 쓴 작품을 보며 실시간으로 피드백 할 수 있다는 장점도 클 것 같다.

탈고 과정에서 제목, 목차, 작가 소개, 들어가는 말, 마치는 말 등의 형식을 갖추니 짜임새가 제법 그럴 듯했다. 원고가 완성되면 편집 · 디자인은 예산에 따라 업체의 도움을 받을 수 있다. 종이책을 100권 미만으로 인쇄한다고 생각할 때 출판 비용 예산을 약 100만 원 이상 확보할 수 있다면 편집과 디자인을 모두 전문 업체에 맡기는 방법도 고려해볼 수 있다. 그러나 이것 또한 컬러인지, 흑백인지, 간지가 들어가는지, 사용하는 인쇄지의 종류가 무엇인지 등에 따라 가격이 천차만별이다. 내 경우에는 총 129쪽 분량의 종이책을 컬러 표지와 양질의 종이로 예쁘게 만들고 싶은 욕심이 있어서 상당 부분은 내 손으로 편집하고 표지 디자인도 직접 만든 뒤 최종 편집 디자인과 인쇄를 의뢰했다.

전문 출판문의 편집 디자인은 '인디자인(InDesign)'이라는 레이아웃 디자인 소프트웨어를 주로 사용한다. 요즘은 무료 동영상 강의를 보고도 충분히 익힐 수 있어서 한 책 쓰기에 관심이 있다면 천천히 사용법을 배워보는 것도 좋을 듯하다. 표지 디자인은 일러스트레이터나 포토샵 등을 사용하면 된다. 단, 출판물에는 일정한 규격이 있으니 인쇄 업체와 미리 협의한 뒤 작업하면 좋다.

편집 시간과 예산을 줄이고 싶다면 한글 프로그램으로 속지를 편집

하고, 인쇄업체에서 무료로 제공하는 책표지를 활용해 인쇄비용만 들이는 방법도 있다. 인쇄 비용마저 줄일 수 있는 방법으로 PDF를 통한 웹페이지 생성이나 epub을 활용한 정식 전자책 출간도 고려해볼 수 있다. 북크크, 유페이퍼, 크몽, 탈잉같이 전자책 출간을 돕는 인터넷 플랫폼을 살펴보면 도움을 받을 수 있다.

(2) 출판기념회

출판기념회는 프로젝트의 꽃이 피는 날이다. 출판기념회 일주일 전에 학생들이 모두 즐겁게 참여할 수 있도록 역할을 정했다. 기획팀, 사회팀, 축하 공연팀, 팸플릿 디자인팀, 현수막 디자인팀으로 나누었다. 기획팀은 현수막을 달고, 책을 나르고, 간식을 챙겼다. 사회팀은 출판기념회의 사회 멘트를 작성하고 행사를 진행했다. 축하 공연팀은 노래, 춤, 태권도 등 장기가 있는 친구들로 추천받았다. 팸플릿 디자인팀은 식순이 담긴 행사 안내물을 디자인하고 손으로 그렸다. 현수막 디자인팀은 '경축! 부엉이 상담소 출판기념회'의 글자 꾸미기를 했다.

출판기념회의 팸플릿은 컬러로 인쇄해서 행사 3일 전 나눠줬다. 팸플렛 속지에 작가 소감 발표 때 하고 싶은 말과 부모님의 축하인사를 적어오도록 했다. 또 미리 인쇄된 책과 팸플릿을 드리며 교장, 교감 선생님을 행사에 초대하기도 했다.

출판기념회 당일, 아침부터 유독 교실이 환히 느껴졌다. 드레스 코드를 맞추어 모두 하얀 상의와 검은색 하의를 입고 왔기 때문이다. 시청각실에서 차분히 진행된 출판기념회에서는 교장 선생님의 축하 인사로 문을 열었다.

막상 출판기념회가 시작되자 아이들은 매우 진지한 모습이었다. 태권도, 밸리댄스, 발레, 트로트 공연팀의 흥겨운 무대도 이어졌다. 작가 소감 발표 시간에는 아이들이 한 명씩 무대로 올라와 마이크를 들고 '부엉이 상담소'가 자신에게 어떤 의미를 가지는지 발표했다. 책 증정식에서는 드디어 우리가 만든 책을 받아들며 환호했다. 마지막으로 책에 사인을 주고받으며 서로 출판을 축하해줬고, 예산으로 준비한 맛난 샌드위치와 음료를 나누었다.

출판기념회를 맞아 '부엉이 상담소'가 아이들에게 저마다 어떤 의미를 지니는지 들을 수 있었다. 한 명, 한 명 무대 위에서 마이크를 잡고 작가의 소감을 밝힐 때마다 박수가 터져나왔다. '부엉이 상담소' 프로젝트를 하면서 아이들은 작가의 꿈을 꾸고, 하고 싶은 말을 마음껏 하고, 함께 추억을 만들며 서로의 소중함을 느꼈다고 했다. 한 아이는 자신은 뭐든지 대충하는 습관이 있었는데 '부엉이 상담소' 덕분에 깊게 생각하는 힘을 키울 수 있었다고 했고, 어떤 아이는 상담원이 되어 고민을 풀어주면서 처음으로 자신의 솔직한 마음을 털어놓는 기분을 느꼈다고 했다. '부엉이 상담소'가 자신에게 화려한 호텔 같은 기분이 들

미니미	내가 그린 팸플릿이 인쇄된 걸 보고 너무 뿌듯했어요.
달님	어제 엄마 아빠께 보여드렸더니 정말 잘 그렸다고 칭찬하셨어요. 드디어 내일이 출판기념회라니 정말 기대돼요.
수호천사	아까 선생님께서 살짝 표지를 보여주셨는데, 얼른 받아서 읽어보고 싶다.
미니미	첨엔 부엉이 상담소가 귀찮았는데 책까지 만들어지고 출판기념회도 하니까 특별한 추억이 생긴 것 같아요. 내가 쓴 글 중에 책에 뭐가 실려 있을까도 궁금해요!
뭉크	받자마자 내 이름부터 찾아봐야지 ㅎㅎㅎ.
잠만보	나는 선생님이 어떤 간식을 준비하셨을지가 제일 궁금해.
달님	그나저나 시청각실에 붙여놓은 그림 글자들이 떨어지지 않고 내일까지 잘 붙어 있어야 될 텐데.
미니미	막상 다 같이 붙여놓으니까 진짜 현수막 느낌이 났어. 우리 내일 아침에 또 가보자.

마카롱	나 태권도 공연할 때 무지 떨었어.
화려한 장미	리허설 때보다 음악이랑 더 잘 맞던데? 난 발레 공연 끝나고 아이들이 박수를 쳐주니까 기분이 정말 좋았어.
뒷북소년	교장 선생님이 제일 크게 박수쳐주시더라.
화려한 장미	교장 교감 선생님께서 진짜 와주실 줄 몰랐어. 더 뿌듯한 느낌?
햇님	맞아. 나는 오늘 출판기념회가 무척 기억에 남을 것 같아. 친구들이 한 명씩 마이크를 들고 소감을 발표한 것도 좋았어.
뒷북소년	교장 선생님께서 우리 소감을 듣고 1년 동안 책도 열심히 읽고 글쓰기도 많이 해서 그런지 표현력이 남다르다고 칭찬하셨대.
햇님	진짜? 우와, 기분 좋다.
뒷북소년	코로나만 아니었으면 손님을 더 많이 초대하는 건데…….
마카롱	기념 촬영할 때 마스크 벗고 잠시 10초 동안 숨을 참으라고 한 것도 무지 웃겼어.
라푼젤	진짜 재미있었어. 오늘 무슨 종합 선물 세트 같은 날이지 않니? 매일 학교에서 이런 수업만 하면 좋겠다.

게 해주었다는 아이, 학교에서 맛볼 수 있는 최고의 놀이동산이었다는 아이, 누군가의 고민을 해결해줌으로써 바다처럼 시원한 기분을 느꼈다는 아이……. 저마다 언어는 달랐지만 모두 함께 해냈다는 자부심이 느껴졌다. 작은 돌맹이 하나가 커다란 물결을 만들고 파도를 일으키듯이 '부엉이 상담소' 프로젝트가 완성되는 순간의 감동은 기대치 못한 크기였다.

> 저는 꿈이 작가가 아니었지만 부엉이 상담소를 하면서 '커서 작가가 되도 되는 걸까?' 생각했습니다. 저에게 부엉이 상담소는 큰 도화지입니다. 큰 도화지에 그리고 싶은 것을 그려가며 상상의 나래를 펼치는 것처럼 저도 부엉이 상담소를 하면서 작가노트에 쓰고 싶은 말을 쓰고 하고 싶은 말을 마음껏 할 수 있었기 때문입니다.

> 부엉이 상담소는 우리의 꿈을 키워주는 아주 특별한 상담소입니다. 시간이 지나고 보니 이 프로젝트는 훌륭한 11살 우리들, 그리고 멋진 선생님이 함께 만들어가는 소중하고 뜻깊은 시간들을 추억으로 선물해줬습니다.

> 부엉이 상담소는 친구 같은 존재입니다. 저는 책을 대충 읽고 책 읽는 걸 싫어했습니다. 그런데 부엉이 상담소가 있어서 등장인물의 마음이나 생각을 상상하며 읽게 되었습니다. 책을 읽을 때 언제나 부엉이 상담소가 친구처럼 곁에 있으면 정말 좋겠습니다.

출판기념회가 끝나고 책을 받아보신 학부모님들의 반응은 어땠을까? 출판기념회 3일 전 부모님께 팸플릿을 보내드리며 자녀에게 간단한 축하 메시지를 써달라고 부탁했다. 다음 날 팸플릿에 적혀온 학부모님의 축하 글을 보고 깜짝 놀랐다. 문자가 아니라 편지 분량의 글을 적어주신 학부모님들이 대부분이었기 때문이다. 편지로 마음을 전하는 우리 반의 문화가 학부모님들에게도 전염된 것 같아 웃음이 났다.

> 부엉이 상담소가 지난 한 해 동안 너에게 화려한 호텔 같은 기분을 선물해 줄 수 있어서 부모로써 정말 감사함을 느낀다. 갑작스레 찾아온 코로나19로 4학년이 자칫 무의미하게 흘러 갈 수 있었을 때, 부엉이 상담소가 너에게 큰 활력소가 됐구나. 엄마 아빠는 네가 부엉이 상담소를 통해 접한 이야기를 듣고, 주인공이 되어 고민하고 또 고민하며, 남을 배려하고 이해할 수 있는 마음을 기를 수 있는 시간을 가지는 것을 봤단다. 또 《푸른 사자 와니니》를 만났을 때 너는 몹시 흥분했고, 즐거워했고, 마음 아파하더구나. 학생이라는 틀에서 벗어나 잠시나마 작가라는 날개를 달고 무한한 상상의 날개를 펼칠 수 있게 만들어주신 담임 선생님께 큰 감사를 느낀다. 진심으로 축하해. 사랑한다. 아들아.

> 너의 글을 읽고 우리 아들이 1학년 때 엄마는 어떤 이야기를 들려줬을까 생각했단다. 1학년이 되어 낯선 곳에서 혼자서 적응하기가 많이 힘들었을 텐데 너에 곁에서 따뜻한 말 한마디 못해주고 마음을 잘 알아주지 않았던 같아 무척 후회가 된다. 미안해.
> 시간이 흘러 너는 어엿한 4학년이 됐구나. 엄마의 바람대로 건강하게 잘 자라주어서 늘 고맙게 생각해. 그리고 누군가에게 따뜻한 말 한마디 건넬 수 있는 따뜻한 마음을 가지고 있어 네가 정말 자랑스럽단다. 앞으로 힘들 일이 있을 때마다 엄마도 너의 '부엉이 상담소'가 되어 네 얘기를 들어줄게. 사랑해.

글의 힘이 참 대단하다고 느껴졌다. 자녀의 생각이 고스란히 담긴 책을 보며 부모님들은 어떤 감정을 느꼈을까? 아이들의 진솔함을 거울

삼아 써주신 학부모님들의 축하 글은 '부엉이 상담소' 프로젝트를 더욱 자랑스러운 일로 만들어줬다. 학부모님들께 이 프로젝트가 미칠 영향을 미처 생각지 못했는데, 그동안 얼마나 많은 관심과 응원을 받고 있었는지 새삼 알 수 있었다.

(3) 책 쓰기의 가치

책 쓰기를 하겠노라 다짐하면서부터 놓지 않던 질문이 있다.

'글쓰기와 책을 쓰는 것은 어떻게 다를까?'

결론적으로 책 쓰기는 글쓰기에 비해 교사의 정성이 더욱더 많이 필요하다. 공을 들일수록 더욱 수준 높은 결과물이 만들어지니 끝없는 일처럼 느껴지기도 한다. 그렇지만 결과물이 나왔을 때의 효과는 기대 이상이다. 글쓰기가 저마다의 개성을 지닌 구슬이라면, 책 쓰기는 아름답고 조화롭게 꿰어놓은 목걸이 같았다. 그래서 아이들의 이름이 저자로 새겨진 책을 나눠줄 때, 예쁜 목걸이를 걸어주는 멋진 느낌을 받았다.

누구에게나 정제된 형태로 학생들의 성장을 공유할 수 있는 것도 좋았다. 출판기념회가 있던 날, 낑낑대며 간식 박스를 들고 교실로 들어오는데, 누군가 내 손을 덥석 잡았다. 돌아보니 교감 선생님께서 흥분한 모습으로 서있었다.

"배 선생님, 책을 읽다가 가슴이 설레서 이렇게 찾아왔어요. 우리 아이들에게 이렇게 멋진 시간을 선물해주어 고마워요. 제가 축하 인사 한마디만 하고 가도 될까요?"

교직에서 서로의 교육 활동을 응원해주는 것이 놀라울 것이 없는 일이지만, 이번에는 뭔가 다른 특별함이 느껴졌다. 책을 끝까지 읽어주신 것만으로도 감사한데 교실까지 찾아와서 축하를 자처하는 모습은 큰 귀감이 됐다. 학교를 주로 돌보는 교감 선생님에게는 이 책이 교실에서 아이들과 함께한 추억을 떠올리게 하지는 않았을까 싶었다.

깜짝 축하 인사를 받을 때, 아이들의 표정을 유심히 살폈다. 놀란 토끼 눈에 어벙벙한 표정들이 너무 재미있었는데, 막상 교감 선생님이 교실을 떠나자 한껏 어깨가 우쭐해 있었다. 어쩌면 좋은 독자가 훌륭한 저자를 만드는 건지도 모르겠다.

2020년, 우리 반 아이들은 학생들은 느리고 깊게 열 권의 온 작품 읽기를 경험했다. '부엉이 상담소'에 도착한 편지를 읽으면서 다른 사람의 입장이 되어보고, 새로운 관점으로 사건을 해석하는 방식으로 열 번의 답장을 적었다. 이것을 『열한 살의 지혜를 빌려드립니다_ 부엉이 상담소』라는 한 권의 책으로 펼쳐냈다. '열 권의 온 작품 읽기, 열 편의 글쓰기, 한 권의 책 출간'이라는 숫자만으로 표현할 수 없는 성과가 참 많다. 자신이 쓴 글이 실린 책을 부모님께 선물하며, 도서관에 자신이 쓴 책이 꽂혀 있는 것을 보며 아이들은 어떤 기분을 느꼈을까? 평생 독자이자 잠재적 저자로서 스스로의 가치를 발견하게 됐기를 진심으로 바란다.

(4) 아직 끝나지 않은 우리의 이야기

2021년, 어김없이 새로운 봄은 돌아왔고 정신없이 온라인과 오프라인을 오가는 3월이 시작됐다. 어느 날 수업을 마친 뒤 교실에서 한숨 돌리고 있는데, 문자가 왔다. '부엉이 상담소' 운영에 누구보다 큰 힘이 돼준 사서 선생님의 문자였다.

"기부해주신 책들, 드디어 등록을 마쳤습니다. 아이들이 도서관에 들어와서 잘 보이는 곳에 전시했어요. 사진도 보내드립니다."

사진에는 '함께 읽어요'라고 다정하게 적힌 푯말 옆에 스물네 권의 책이 옹기종기 세워져 있었다. 국민 독서 릴레이 최우수상 상금으로 '부엉이 상담소'가 기부한 책이었다.

제주 우당도서관으로부터 수상 소식을 들었던 날에도, 우리는 함께 교실에서 책을 읽고 있었다. 예기치 못한 수상 문자에 나도 모르게 비명을 질렀는데, 뒤늦게 무슨 일이 벌어졌는지 알아차린 우리 반 아이들은 내 비명의 열 배가 넘는, 희열의 함성으로 응답했다. 상금 50만 원. 온 책 읽고 한 책 쓰기로 아이들과 관계 맺기의 새로운 세상이 열린 것만으로도 감사한 일인데, 아이들에게 의미 있는 상금을 안겨줄 수 있어 무척 행복했다.

상금을 어떻게 쓸지 아이들과 함께 고민하고 이야기 나눴다. 놀이동산에 한번 신나게 다녀오면 어떨까, 배 터지게 치킨 파티를 해보면 어떨까, 상상만으로도 부자가 된 듯한 기분 좋은 수다가 이어졌다. 하지만 코로나가 모든 것을 결정하던 시기라 우리는 결국 책으로 돌아가기로 했다. 아직 우리 학교 도서관에 없지만 꼭 읽어보고 싶은 책을 골라, 누구보다 가장 먼저 읽은 뒤, 정성껏 추천사를 써서 학교 도서관에 기부하기로 한 것이다.

아이들이 제일 원한 결과는 아니었지만, 새로운 이야기의 시작이 될 의미 있는 마무리였다. 막상 선택권이 주어지자 아이들은 기다렸다는 듯 신나게 책을 골랐다. 추천사에도 각자의 개성이 느껴졌다. 비장하거나, 다정하거나, 유쾌하거나…. 자신을 꼭 닮은 이야기를 써서 책 앞 장에 반듯하게 붙여 넣었다. 이렇게 정성껏 기부한 책이 드디어 등록을 마치고 도서관에 자리 잡은 것이었다.

아이들이 어른이 되어서도 모교 어느 공간에 자리한 자신의 이름과 풋풋한 추천사가 여전히 누군가에게 상기되고 있음을 기억하며 웃음 지을 수 있길 바란다. '부엉이 상담소'를 떠올리며 친구들과 함께해낸 자랑스러운 기억을 부디 아름답게 추억할 수 있다면 좋겠다.

4. 블렌디드 온 작품 읽기, 남겨진 고민들

2020년에 온 작품 읽기가 지속 가능했던 것은 온라인의 힘을 빌린 덕분이다. 한 해 경험하니 더 이상 온·오프라인을 연계한 온 작품 읽기가 어렵지 않게 느껴진다. 자신 있게 블렌디드 러닝을 통한 독서 교육은 거창하고 힘든 일이 아니라는 결론을 내릴 수 있달까. 근사한 에듀테크나 화려한 컴퓨터 활용 능력을 보여주려고 애쓰며 시간 낭비할 필요도 없는 것 같다. '온전한 읽기'라는 본질까지 징검다리를 놓아줄 수 있다면, 블렌디드 러닝은 학습 도구이자 방법으로써 충분한 것이 아닐까 돌아본다. 그럼에도 불구하고 여전히 남은 고민들이 있다.

1) 온라인 읽기가 오프라인 읽기를 완전히 대체할 수 있는가?

프로젝트가 끝난 후 아이들이 직접 느낀 블렌디드 온 작품 읽기의 효능감을 알아보고 싶어서 구글 설문지로 온라인 조사를 실시했다. 총 열여섯 명이 자발적으로 설문에 참여했는데, 응답자의 80퍼센트 이상이 책을 읽어주는 방식으로 오프라인을 선호했다. 교실에서 함께 읽으면 집중도 더 잘되고, 이야기도 더 실감나고, 서로 생생하게 반응을 주고받을 수 있어 더 재미있다는 이유에서였다.

교실에서 항상 마스크를 쓰고 책을 읽었음에도 면 대 면 책 읽기를 더 선호한다는 결과가 크게 놀랍지는 않았다. 구글 미트에서 책을 읽을 때, 아이들도 카메라와 마이크 기능을 모두 켜놓아야 할지 말지 수차례 고민했다. 카메라와 마이크를 켜놓으면 움직임과 소음이 민감하게 포착돼 읽기에 집중하는 데 방해가 됐다. 그렇다고 모두 꺼놓으면 벽에 대고 책 읽는 것과 다를 바가 없다는 느낌이 들었다. 고민 끝에 카메라는 모두 켜놓고, 마이크는 하고 싶은 말이 있을 때 언제든 켜고 발언하는 것으로 규칙을 정했다. 이렇게 하니 교사의 입장에서는 아이들의 표정도 어느 정도 살필 수 있고, 학생들과 질문을 주고받을 수도 있었지만, 면 대 면 책 읽기에서 빈번하게 일어나던 학습자 간의 상호작용은 부족한 느낌이었다. 줌에서 소그룹 회의 기능을 활용하거나 온라인 읽기 참여자의 수를 대폭 줄여서 여러 차례 모둠별 읽기를 하는 방법이 대안으로 떠오르지만, 이 또한 완벽한 면 대 면 읽기의 대체는 아니라 생각한다.

2) 학습자의 온라인 도구 활용 수준이 과제 수행에 방해가 되지 않는가?

온라인 도구보다 손으로 작업하는 방식을 선호하는 학생들이 있었다. 예를 들어, 구글 프레젠테이션이나 미리캔버스를 활용하여 온라인 작가 소개 포스터를 그리는 과제 활동을 냈을 때, "종이에 그린 뒤 사진을 찍어 제출하면 안 될까요?"라고 묻는 친구가 있었다. 실제로 종이에 그린 그 학생의 포스터는 내용적으로나 형식적으로나 수준이 높은 결과물이었다. 좋은 내용을 갖춘 포스터를 완성하는 것이 학습의 목표인 수업에서 온라인 도구 사용의 미숙함이 오히려 내용의 충실도를 방해할 수도 있겠다고 생각했다.

온라인에서 글을 써서 올리는 것도 같은 맥락의 문제를 일으켰다. 컴퓨터 타자가 익숙한 학생들은 온전히 내용에 집중한 온라인 글쓰기가 가능하지만, 아닌 학생들에게는 타자 치기부터 또 다른 숙제였다. 기능의 차이가 극심한 속도 차로 이어진다면 불공정한 학습이라고 할 수 있지 않을까?

이러한 불공정함의 해결을 개개인의 학습자나 교사의 몫으로만 남겨두면 안 된다. 블렌디드 러닝을 피할 수 없다면 학습자의 온라인 도구 활용 능력이나 기초 기능을 단계적으로 높일 수 있는 교육과정이 충분히 뒷받침돼야 할 것이다. 앞으로의 교육과정에서는 학습자의 학령에 따라 어떤 온라인 도구를 제시할지부터 반복적으로 사용할 수 있는 기회를 어떻게 제공할지까지 충분히 논의돼야 한다.

3) 온라인 공간에서 모두가 행복한 배움이 일어나기 위해 어떤 매너를 갖추어야 할까?

온라인 독후 활동에서 과제를 수행한 뒤, 멘티미터로 가장 잘한 작품을 투표한 적이 있다. 처음 투표 결과에서 참여 학생 수보다 한 표가 더 많이 나왔다. 누군가 실수한 것이라고 생각하고 재투표했는데, 이번엔 학생 수보다 세 표가 더 많이 나왔다. 그제야 멘티미터의 온라인 투표가 익명이라는 것이 문제임을 알았다. 누군가 장난삼아 두 표를 행사했고, 재미삼아 다른 학생들이 따라한 것이었다.

온라인 읽기 상황에서는 댓글 사용 문제도 있었다. 온라인 작품 읽기가 익숙해지자 컴퓨터 활용이 익숙한 몇몇 아이가 댓글을 이용하기 시작했다. 처음에는 아이들의 반응을 실시간으로 볼 수 있어서 읽기 상호작용에 긍정적이라고 생각했지만, 갈수록 비속어나 이모티콘의 사용이 늘고 무의미하거나 맥락 없는 댓글이 이어졌다. 그래서 언제든 하고 싶은 말이 있을 때 마이크를 켜고 발언하는 것으로 온라인 수업의 규칙을 바꾸었다.

온라인은 누구에게나 새로운 학습 공간이다. 학교라는 배움의 공간에 처음 입학한 신입생들은 1년이라는 긴 시간을 공들여 학교생활 규칙을 익히려고 노력한다. 그에 비해 우리는 너무나 불쑥 온라인이라는 학습 공간에 던져진 것이 아닐까? 이 공간을 어떻게 아름답게 가꿔나갈지 모두 책임감을 가지고 고민해야 할 것 같다.

《푸른 사자 와니니》를 읽고 주고받은 편지

TO. 부엉이의 지혜를 가진 아이들에게.

안녕? 나는 와니니야.

요즘 내 이야기를 읽고 있다는 소식을 들었어. 난 초원에 살고, 너희는 인간이 만들어놓은 세상에 살지만 어쩜 우리가 친구가 될 수 있을지도 모른다고 생각했어. 펜팔 친구 같은 거 말이야! 어차피 난 보통 사자와는 다른걸. 오늘 내가 너희에게 하고 싶은 이야기는 다른 사자 엄마들에겐 절대 털어놓을 수 없는 말이야. 마냥 어리기만 한 동생들에게도 할 수 없지. 잘난 척하기 좋아하는 말라이카는 생각도 하고 싶지 않아.

있잖아, 나는 요즘 자주 비참한 기분이 들어. 너희는 혹시 절대 듣고 싶지 않은 말을 들어본 적이 있니? '넌 쓸모없는 아이야'와 같은 말 말이야. 그것도 사랑하는 가족들로부터. 사자 엄마들은 내가 이 말을 들었으리라 생각도 못할 거야. 하지만 물은 엎질러지고 만걸? 한번 마음에 못이 박히면 그걸 뽑는다 해도 자국이 남는대. 영원히 지워지지 않는 상처가.

내가 다른 사자들과 다른 건 인정할게. 마디바 할머니는 늘, "사자는 용맹하고 냉철해야 한다. 그것이 사자의 품위를 지키는 일이다"고 하셔. 그래! 사자의 품위는 중요해. 나도 마디바 할머니처럼 존경받는 어른이 되고 싶어. 하지만 흰개미들이 멋진 왕국을 짓는 걸 지켜보는 놀이를 즐기면 어때서? 강물을 뛰어 넘을 때 잘할 수 있을까 걱정이 돼서 망설일 수도 있는 것 아니야? 오빠들이 무리를 떠나 가엾다고 생각하는 것이 나약하다고?

너희 중에 누군가 그랬다더라. 내가 어떤 쓸모가 있는 아이인지 스스로 생각해봐야 한다고. 맞아, 나도 작고 약한 몸집으로 태어난 걸 인정해. 하지만 그건 내 잘못이 아니잖아! 난 겨우 어린 암사자일 뿐인걸. 더 많이 배우고 노력하면 언젠가 마디바 할머니처럼 너끈한 맵시를 지닌 최고의 사냥꾼이 될 수 있을지도 몰라.

어쩜 나는 그냥 다른 사자들과 조금 다를 뿐인지도 몰라. 아니, 어쩌면 더 특별한지도 모르지! 나는 누구보다 눈과 귀가 밝잖아. 물웅덩이에 하마가 없을지도 모른다는 걸 마디바 할머니는 몰랐을걸? 한밤중에 침입자의 발소리를 듣고 수사자를 쫓아낸 건 바로 나인걸?

할머니는 "오직 우두머리의 명령에 따라야 한다"고 호통치시지. 하지만 나에게도 생각할 힘이 있다구! 묻고 싶은 질문도 많고, 하고 싶은 말도 많은걸? 초원은 호기심으로 가득한 곳이고 나는 모든 걸 스스로 알고 싶어.

그런데 있잖아. 내가 쓸모 있는 아이란 걸 도무지 증명할 수가 없어. 온 힘을 다해 쓸모없는 아이란 손가락질로부터 도망쳐봤자 이미 찍혀버린 낙인처럼 그 말이 내 머릿속을 절대 떠나지 않아. 맞아…… 어쩌면 나는 정말 마디바 할머니 말처럼 쓸모없는 아이인지도 몰라.

욱하고 말싸움만 거는 패배자.
가족들의 먹이를 축내는 거머리.
엉뚱한 생각만 하는 광대.
마디바 무리의 명예를 실추시키는 망신스러운 아이.

아. 너무나 괴로워. 할머니와 가족들에게 대화를 엿듣게 된 걸 솔직히 말할까? 아니야! 그럼 당장 무리에서 내쫓아버릴지도 몰라. 아니면 아무 일도 없었던 것처럼 꿋꿋이 무리 속에서 버텨야 하는 걸까? 그래도 결국은 쫓겨나는 신세가 될 테지?

얘들아,
나에겐 지혜로운 조언이 필요해.
어떻게 하면 이 괴로움을 극복할 수 있을까?

2020년 5월 25일
존재의 의미를 잃어버린 듯한 절망 속에서 초원의 사자, 와니니가

TO. 마음이 여린 암사자 와니니에게

안녕, 와니니?

난 대구에 사는 열한 살 초등학생이야.

네 편지 잘 읽었어. 편지를 받고 나도 마음이 조금 속상했어. 내가 보기엔 넌 몸집은 작지만 마음은 아주 크고 넓은 사자인 것 같은데 마디바랑 너의 무리 사자들은 그걸 모르는 것 같아서 말이야. '작고 쓸모없는 아이' 라니······. 네가 정말 사랑하고 믿는 가족들이 너에 대해서 그런 얘기를 하는 걸 들었다니 정말 속상했겠다. 작고 약한 몸으로 태어나고 싶어서 그런 것도 아니고 그냥 단지 몸집만 작을 뿐 다른 암사자들과 똑같은데 마디바랑 너의 가족들이 널 인정해주지 않아서 비참하고 슬프겠다. 내가 널 위로해주고 싶은 마음이야.

근데 와니니야. 우리 인간도 그래. 우리 인간들도 작게 태어난 사람도 있고 크게 태어난 사람도 있어. 학교 친구들을 보면 키가 엄청 큰 애도 있고 나보다 훨씬 작은 애도 있어. 난 그냥 딱 중간이야. 그런데 우리는 큰 친구랑 작은 친구랑도 잘 놀아. 가끔 다툴 때도 있지만 다시 화해하고 잘 지내. 나도 키가 컸으면 좋겠지만 걱정 안 해. 왜냐하면 난 아직 더 커야 될 어린이니까······. 내 생각에 너도 아직 어린 사자니까 앞으로 몸집이 더 커질 수도 있을 것 같아. 그러니까 와니니야, 지금 너의 모습이 이상하다고 생각 안했으면 좋겠어. 다른 동물들을 가엽게 생각할 줄 아는 마음착한 와니니. 겉모습은 중요하지 않아. 마음이 중요해. 내가 봤을 땐 넌 정말 멋진 암사자야.

그리고 네가 마디바랑 가족들이 하는 얘기를 우연히 듣게 된 걸 솔직히 얘기해보는 건 어때? 그 얘기를 듣고 너의 마음이 어땠는지도 사실대로 얘기해봐. 네가 약하지 않다는 걸 보여줄 기회도 달라고 얘기해봐. 진심은 통한다고 했거든. 솔직하고 용기 있는 네 모습에 마디바의 생각도 달라질 수도 있어. 내 편지가 너에게 도움이 됐으면 좋겠다. 그럼 앞으로 건강하고 씩씩한 멋진 암사자가 되길 바래.

2020년 5월 25일

와니니와 친구가 되고 싶은 마음으로, 대구세천초등학교 4학년 친구

TO. 신중하고 똑똑한 암사자 와니니야!

와니니, 안녕?
네가 보내준 편지를 읽고 너무 속상하고 안쓰러웠어. 그래서 너에게 도움을 주기 위해서 이 편지를 쓰기로 했어.
마디바 할머니가 너를 쓸모없는 아이라고 했지? 내 생각에 와니니 너는 용감하고 신중하고 마음이 넓은 아이야. 한밤중에 침입자 들어왔을 때, 무슨 일인지 살펴보려 혼자 나간 일은 정말 용감했어. 다른 사자였다면 무서워서 꼼짝도 못했을 거야. 수사자를 보고 겁이 났지만 도망가지 않고 쫓아낸 거잖아. 정말 대단한 것 같아. 말라이카였다면 당장 도망쳤을걸? 그리고 약해 보이는 수사자들을 해치지 않고 도망칠 기회를 준 건 정말 신중하고 멋진 행동이었어.
있잖아. 네가 쓸모 있는 아이라는 걸 꼭 증명할 필요는 없다고 생각해. 사냥도 열심히 돕고, 무리의 사자들과 사이좋게 지내고, 힘든 일이 있어도 포기하지 않으면, 결국은 쓸모 있는 아이라는 걸 모두 인정하게 되지 않을까? 사자들은 초원에서 먹잇감을 사냥할 때, 작전을 세운다고 들었어. 너는 신중하고 똑똑하니까 무리를 위한 사냥 작전을 잘 세울 수 있을 거야. 그러니 자신감을 가져! 그럼 안녕.

2020년 5월 25일
언젠가 무리를 이끄는 최고의 사자 와니니가 되길 바라며
세천초 부엉이 상담원

TO: 지혜로운 어린이들에게

안녕하시우?

나는 나무 그늘을 판 영감이올시다. 알다시피 요즘 이 노인네는 화병으로 숨이 꼴까닥 넘어갈 것 같소. 여기 아주 지혜롭게 상담해주는 어린이들이 모여 있는 곳이라 소문을 듣고 밑져야 본전이라는 마음으로 편지를 씁니다. 에헴! 여러분도 나무 그늘을 산 총각 이야기를 익히 알고 있겠지만, 내 얘기도 좀 들어보시오. 무슨 일이 있었는지는 양 쪽 이야기를 모두 들어봐야 하지 않겠소. 사람들이 나를 아주 고약한 영감탱이로 떠들고 다닌다지만 알고 보면 나도 꽤나 배운 사람입니다. 나로 말할 것 같으면 대대손손 명망을 쌓아온 평양 김씨의 대를 잇고 있는 종갓집 종손이오. 아니, 이런 내가 뭐 하러 가문의 먹칠을 하는 사고나 치고 싶겠소.

그 일은 어디까지나 모두 그 버르장머리 없는 젊은 놈의 행동에서 시작된 일이오. 그 녀석이 나한테 "영감님, 저도 여기 좀 써도 되겠습니까?" 이렇게 공손하게 부탁만 했어도 이런 일은 없었을 것이오. 아니, 내가 자고 있었기로서니 인기척이라도 좀 해주면 얼마나 좋았겠소. 나이가 들면 체력이 떨어지고 잠이 많아지는 것도 서럽소. 그런데 새파랗게 젊은 녀석이 드르렁 드르렁 코를 골아대니 그 소리에 화들짝 놀라 쫓기듯 깼던게요. 어찌나 놀랐던지 심장이 쿵— 떨어지고 혈압은 억— 치솟고 놀라 나자빠지는 바람에 하마터면 팔다릴 다 깨먹을 뻔 했잖소. 놀란 김에 소리 좀 지르고 화냈기로서니 어찌 그리 사람을 작정하고 골탕 먹일 수가 있소?

그리고 고놈이 나를 욕심쟁이라고 떠들어대나 보던데, 허, 기가 차고 코가 차서 말문이 막힙디다. 욕심쟁이는 내가 아니고 바로 고 놈입니다. 고 녀석이 절대 물러날 기미가 없기에 내가 한발 물러섰소. 무려 두 배를 다시 갚아 나무 그늘을 스무 냥으로 쳐주겠다고 말이오. 눈도 깜짝 안합디다. 그리고 나서는 뭐요? 만 냥이요, 만 냥? 열 냥에 사서 만 냥에 돌려 달라구요? 허

허……. 세상천지 어느 땅값이 하루아침에 천 배로 뜁니까? 아주 돈에 환장을 해서 본색을 드러낸 것 아닙니까?

마지막으로 내 마을 사람에 대해서도 한마디하겠습니다.

여기 왕따 당해본 친구가 있습니까? 마을 사람들이 모두 작당하고 집에 쳐들어왔을 때 내 심정이 어땠는지 아시오? 아들, 손자, 며느리가 훤히 보는 앞에서 사람들에게 손가락질 당하는 기분이 어땠겠소? 나는 부끄러워 얼굴을 들 수가 없었다오. 결국 돈도 명예도 잃은 노인네가 되어 도망 나오듯 집을 떠났잖소. 내 이곳에서 일생을 살았지만 우리 동네 인심이 그렇게 야박한지는 몰랐소. 그렇게 나무 그늘이 탐났으면 왜 평소에 누구 하나라도 "영감님, 나무 그늘을 마을을 위해 기증하시는 건 어떠십니까?" 귀띔을 안 해줬소? 어찌 단 한 사람도 내 편을 안 들어주고 그리 궁지로 몰 수 있단 말이오. 결국 모두 한통속이 되어 나를 왕따시킨 것이 아니요? 내 딴건 몰라도 이건 확신할 수 있소. 대대손손 지체 높은 우리 가문을 통째로 마을에서 쫓아냈으니 이제 그 동네는 땅값도 떨어지고 아주 후회가 막심할 것이오.

겨우 열한 살이 된 젊은이들이 내 맘을 어찌 헤아리겠냐마는 소문에 하도 기막힌 상담을 해준다기에 밑져야 본전이라는 심정으로 긴 글을 써봤소. 어찌됐든 진짜 하고 싶었던 말을 다 풀어놓고 나니 속이 다 후련하오.

자자, 이렇게 좀 해주시오.

내 말이 맞다고 생각되는 친구들은 그 나무 그늘을 산 젊은이에게 보낼 항의편지를 좀 써주오. 날 좀 변호해달란 말이오. 혹시 그럴 리는 없겠지만 내 말이 틀리다고 생각되는 친구는 어디 한번 내 주장을 반박하는 편지를 나한테 써보시오. 대신 이번에는 좀 부드럽게 나를 대해주시오. 아직도 나는 마음에 상처가 남은 노인네라우.

그럼, 부엉이인지 올빼미인지 하는 상담소 친구들에게 이만 편지를 줄이겠소.

2020년 5월 8일 금요일
별안간 내 집에서 쫓겨나 황당하고 화가 난,
대대손손 명망 높은 평양 김씨 종갓집 종손인 노인네 씀

TO. 상처받은 할아버지에게

안녕하세요?

저는 할아버지가 고민을 의뢰한 세천초 4학년 8반 13번 학생입니다. 할아버지 편지를 받기 전에 책에서 할아버지 이야기를 읽고 저는 할아버지 가 나쁜 어른이라고 생각했습니다. 하지만 할아버지의 편지를 읽고 난 후 할 아버지 말씀대로 정말 양쪽 이야기를 모두 들어봐야만 누가 잘못했고, 잘했 는지를 알 수 있다는 것을 생각했습니다.

그런데 저는 할아버지의 편지를 읽고 할아버지 말씀대로 총각이 조금 더 잘 못했다는 생각이 들었습니다. 말씀대로 할아버지께 그늘을 사용해도 될지 물어봤다면 이렇게 고약한 할아버지가 되는 일은 없었을 거라는 말씀에 동 의합니다.

하지만 그때 총각은 할아버지께 그늘을 사용해도 되는지를 물어볼 수 없었 을 겁니다. 왜냐하면 할아버지 말씀대로 대한민국은 동방예의지국이니 어른 이 주무시고 계시는데 사소한 일로 깨우는 일은 예의에 어긋나는 행동이므 로 총각은 할아버지를 깨우지 못했을 겁니다. 더군다나 더운 여름날이라 총 각은 무척 덥고, 힘이 들어 자신도 모르게 쉬어갔을 수도 있을 겁니다. 그런 데, 총각이 할아버지의 그늘을 열 냥의 사서 할아버지의 안방까지 진입한 것 은 정말 실례인데다가 저도 그런 일을 겪게 되면 할아버지처럼 엄청 화가 나 고 속상할 것 같습니다. 거기다 가족들이 지켜보는 가운데 마을 사람들에게 창피함을 당해서 할아버지께서는 정말 슬픈 나머지 정든 마을을 떠나셨을 겁니다.

저는 할아버지보다 오래 살지는 않았지만, 할아버지처럼 따돌림을 잠깐 당 한 적은 있었습니다. 저는 비염이 굉장히 심해서 환절기만 되면 콧물, 코막 힘과 함께 입 냄새가 굉장히 심합니다. 양치질을 아무리 깨끗이 하고, 가글 을 열심히 해도 비염으로 인한 입 냄새는 잘 사라지지 않았습니다. 그런데 학원 누나들이 제 입 냄새를 맡고는 나쁜 말들을 퍼부은 적이 있었습니다.

처음에는 너무 속상하고, 화가 많이 났습니다. 하지만 엄마와 이야기를 나눠 보니 그 누나들은 제가 양치질하지 않아서 입 냄새가 났다고 생각을 했었을 겁니다. 제가 만약, 비염으로 인한 어쩔 수 없는 현상이라는 것을 누나들에게 알려줬다면 누나들은 저를 따돌리지 않았을 겁니다. 저처럼 총각과 마을 사람들이 할아버지를 잘 몰라서 이런 일을 겪었으리라 저는 생각이 듭니다. 그래서 저는 할아버지가 마을로 돌아가셔서 할아버지가 진짜 좋은 할아버지라는 것을 총각과 마을 사람들에게 증명하기 위해 이렇게 하면 어떨까 하는 생각했습니다.

첫 번째는, 할아버지 댁의 나무를 마을 사람들이 가장 많이 이용할 수 있는 공터로 옮겨 심는 것은 어떨까요? 그러면 온 마을 사람들이 조금 더 편히 쉬어갈 수 있는 쉼터가 만들어질 테고, 할아버지와 가족들도 집에서 편히 생활하실 수 있을 겁니다.

두 번째는, 나무를 옮겨 심는 것이 힘들다면 그늘이 길게 잘 생기는 여름에는 안방을 마을 주민들이 쉬어가는 쉼터로 만들고 대신 할아버지와 가족들도 낮에는 그늘이 지는 안방에서 마을 사람들과 함께 지내고, 밤에는 다른 방에서 주무시는 것은 어떨까요?

그런데 저는 두 가지 방법 모두 좋은 결과를 가져다줄 거라 생각합니다. 할아버지가 고약한 할아버지가 아니라 정말 착하고, 마음씨 따뜻한 할아버지라는 것을 알려주는 기회가 될 거라 생각합니다. 꼭 마을로 돌아가서 마을 주민들과 잘 어울려 생활하는 날이 오길 바랍니다.

2020년 5월 14일
할아버지를 변호해주고 싶은 학생 올림

TO. 나무 그늘을 판 영감님에게

새로 이사 간 곳에선 편안하신가요?

죄송하지만, 저는 총각의 말이 옳다고 생각해요. 나무 그늘에서 쉬고 있는데 누가 갑자기 뜬금없이 버럭버럭 화내면 누구나 다 억울할 거예요. 저도 늦잠을 자다가 엄마가 소리 지르면서 깨우면 짜증 나거든요. 그리고 총각 입장에서 한번 생각해보세요. 나무 그늘에서 사람이 쉬고 있으니 '아, 여기는 아무나 쉬어가도 되는 곳이구나' 하고 모르고 그랬을 수도 있잖아요.

물론 남의 집을 들락날락한 건 총각의 잘못이에요. 하지만 어르신이 그렇게 다짜고짜 화내면 총각도 억울하고 기분이 썩 좋지는 않을 것 같아요. 이제 또 이런 일이 생긴다면 너무 화내지는 마시고, 조심히 그 사람을 깨운 뒤에 '이 그늘은 제 것이니 다른 곳에 가서 쉬어주세요'라고 하면 좋을 것 같아요! 이런 일이 다시는 안 일어나는 게 가장 좋은 방법이지만요.

2020년 5월 16일

영감님께 이런 일이 다시는 안 일어나서 마음고생하지 않으시길 바라며

세천초 4학년 8반 부엉이 상담원이 드림

아이들에게는 여전히 교실이 필요하다

미래에 '교실이 사라진다'는 이야기가 있다. 온갖 에듀테크와 발전한 교육 환경 안에서 교실이란 공간을 포함해 지금과는 매우 다른 방식으로 교육의 변하리라는 것이다. 우리의 일상도 코로나19를 겪으며 매우 빠른 속도로 변화했으므로 이 말이 더욱 와닿는다. 변화의 속도는 엄청나게 빨랐고, 우리 역시 빠르게 적응하기 위해 부단히 노력해야 했다.

역설적이게도, 이 위기는 우리에게 '교실의 필요성'을 느끼게 만들었다. 학생들의 이야기를 들어보면 '온라인 수업'보다는 '교실'에서 친구들을 만나서 함께하고 싶은 열망이 있다. 친구 없이 집에서 홀로 공부하기를 원치 않는다. 우리 반 학생 중 한 명은 '긴급돌봄교실' 친구들 몇 명과라도 함께하고 싶어서 매일 학교에 나온다. 고도로 발달된 인공지능 학습지가 재미있게 공부를 알려주고 문제를 풀어줘도, 친구와 함께 이야기 나누는 것보다는 못하다. 학교는 공부뿐만 아니라 함께 살아가는 삶을 배우는 곳이기 때문이다.

2020년 한 해, 집에서 공부하던 학생들이 올해 학교에 복귀한 후 가장 크게 느낀 점은 '학생들의 사회성 부족'이었다. 학생들은 함께 생활하기를 힘들어했다. '우리'보다 '나'에게 더욱 집중하고, 타인의 긍정적인 것보다는 부정적인 부분에 초점을 맞췄다. 학생 간의 갈등은 더 쉽게 일어났다. 어린 저학년 학생일수록 그런 경향은 더욱 컸다. 모둠 활동 내의 간단히 의사소통마저 어려워했다.

시간이 지날수록 기술은 점점 발전할 것이다. 지금 우리가 사용하는 것보다 더 뛰어난 수업 도구들이 만들어질 테고, 아이들은 능숙하게 사용할 것이다. 지금 현 교육이 겪고 있는 '학력 격차' 같은 문제는 고도화로 발전된 기술로 구현하는 '개별화 교육'이 말끔히 정리해줄 수 있을 것이다. 그렇지만 개별화 교육으로 지식, 기능적으로 성장시켜놓으면 교육이 할 일은 끝난 것일까?

예나 지금이나, 인간은 함께 살아가는 존재이다. 모습만 다를 뿐이지 함께한다. 함께한다는 것은 갈등을 최대한 줄이고 공존한다는 것을 의미한다. 미래 사회에서도 공존하는 법을 배워야 한다. 결국 교육 안에서 '수준별로 목표까지 잘 아는 것'보다 중요한 것은 '협업'과 '배움을 스스로 지속할 수 있는 힘'이다. '프로젝트 수업'에서 중요하게 여기는 가치와 일맥상통한다. '어려운 문제'를 혼자가 아닌 집단 지성으로 해결하는 것이다. 그 안에서 학생들은 스스로 의미를 발견하고, 다른 상황에서 적용할 수 있는 가치를 배운다. 그런 의미에서 블렌디드 프로젝트 수업이야말로 미래 사회에서 학생들이 필요한 것을 배울 수 있는 좋은 수업이라고 생각한다.

에듀테크가 기존 수업의 어려운 점을 해결해준다는 사실은 분명해졌다. 블렌디드 수업은 이제 차선책이 아니라 필수다. 기술 덕에 교실과 교실 바깥의 경계는 점점 더 모호해질 것이다. 그럼에도 교실은 사라지지 않을 것이라 생각한다. 미래 교실은 우리 학생들이 더 나은 환경에서 '함께 잘 배울 수 있도록' 하는 공간이 될 것이다. 우리 교사들이 그 현장을 가장 잘 이해하고 있다. 블렌디드 프로젝트 수업이 구현될 환경과 도구들이 학생들을 위한 일이 되도록 이 시대의 교육이 교사의 말에 귀 기울여줬으면 한다.

김은별

아이들이 사회를 처음 만나는 곳, 학교

블렌디드 수업이든 프로젝트 수업이든 모두 수업의 한 형태다. 이 두 개를 합치면 온라인과 오프라인을 넘나들며 문제를 해결해나가는 형태로 학습이 이뤄진다. 형태는 내용을 채워 넣어야 완성된다. 이 틀에 어떤 내용을 채워 넣을까 고민하다가 교육과정을 들여다봤다.

> 교육기본법 제2조(교육이념) 교육은 홍익인간(弘益人間)의 이념 아래 모든 국민으로 하여금 인격을 도야(陶冶)하고 자주적 생활능력과 민주시민으로서 필요한 자질을 갖추게 함으로써 인간다운 삶을 영위하게 하고 민주국가의 발전과 인류공영(人類共榮)의 이상을 실현하는 데에 이바지하게 함을 목적으로 한다.

우리나라의 교육이념은 '홍익인간'을 바탕으로 전 교과에 걸친 인격(인성)과 자주적 생활능력(역량), 그리고 민주시민성을 이야기한다. 다양한 사회적 요구와 시대상의 변화를 교육이 모두 따라가지는 못하지만, 학교가 학생들이 사회에서 살아가면서 필요한 인성과 역량을 길러주는 곳임은 변함이 없다.

프로젝트 학습을 시작하면서부터 학교 수업이 사회와 관련 있다는 사실을 아이들이 느꼈으면 하는 바람이 있었다. 시사적인 내용뿐만 아니라 주변과 실생활 속 문제를 다루려고 많이 노력했다. 이런 노력을 좀 더 발전시켜서 앞으로는 민주시민에 초점을 맞추려고 한다.

민주시민교육은 다양한 교육 이슈 중에서도 실제 사회와 관련이 많다. 〈이코노미스트〉지가 167개국 민주주의 상태를 조사해 작성한 민주주의 지수에 따르면, 우리나라는 2017년에 현대 민주주의를 대표하는 미국을 추월하여 완전한 민주주의를 실현하고 있는 나라로 분류돼 있다. 개인적으로, 우리는 발전된 제도 속에서 제도의 발전을 따라가지 못하는 시민성을 가진 나라가 아닐까 한다. 갈등은 민주주의에서 필수적인 요소이지만 이 갈등을 풀어내는 과정에 우리는 아직도 혐오와 불신 등 비성숙한 태도를 보이고 있다.

학교는 아직 완전한 사회가 아니다. 본격적으로 사회에 나가기 전, 사회를 배우는 곳이다. 이곳에서 시작되는 민주주의에 대한 경험이 아이들이 앞으로 사회를 살아가는 방법이 될 것이다. 그렇기 때문에 학교는 민주주의를 가르치지 않을 수 없다. 교육이념에 명시된 까닭도 그런 이유에서일 것이다. 문제는 아이들이 민주주의를 배우는 방식이 민주적이지 않다는 점이다. 초등학교 교사는 민주적일 수 없는 자리에 서 있다. 교실 내에서 입법과 사법, 행정을 전적으로 혼자 책임지며 많은 아이를 통제하고 평가한다. 어떻게 교실이 민주적일 수 있을까?

"우리 학교의 문제점이 무엇일까?"

물어보면 의외로 아무도 대답하지 않는다. 문제를 문제로 인지하지 못하고, 의견 드러내기를 꺼리는 참여성의 부족, 문제를 해결하고자 하는 책임감의 부족은 교실의 구조적인 영향이 크다고 생각한다.

교사로부터, 교과서로부터, 뉴스로부터, 질문으로부터 어디에서든 문제는 찾을 수 있다. 다만 문제를 제대로 인식하려면 바람직한 가치관을 가져야 하는데, 도덕책을 달달 외운다고 바람직한 가치관이 생기진 않는다. 학생들은 문제가 살아 있을 때 함께 살아난다. 아이들의 시선을 교과서 너머로 향하게 할 수 있기 때문이다. 아이들의 시선이 교과서 너머로 확대되면 탐구의 방법도 학교를 벗어난다. 관련된 자료를 찾아보고, 정리하면서 서로 협력하고 연대한다.

문제를 인식했다면 많은 사람에게 알리고 공감을 이끌어내야 한다. 그래야 문제를 변화시킬 힘이 생긴다. 배움은 공감을 얻기 위해 탐구하는 과정에서 일어난다. 좋은 비판은 지적에서 끝나지 않고 대안으로 이어진다. 아이들의 작은 목소리가 공감을 통해 확대되고, 부족할지라도 나름의 방식으로 대안을 만들어낸다면 그 프로젝트는 성공한 셈이다. 결국 문제 해결에는 실패하더라도 현실은 프로젝트 수업 전과 분명히 달라진다. 문제를 인식하고 여러 사람의 의견을 모아 해결해나가는 과정 자체가 학습인 동시에 민주주의에 대한 체험이니까. 실패를 거울삼아 더 나은 해결책도 만들 수 있다. 이런 수업이 머릿속에 지식만 채우는 것보다 더 값진 수업이지 않을까?

일련의 과정은 단순히 교실에서만 일어나지 않는다. 공감과 연대는 이제 온라인에서 더 활발하다. 온라인에서는 아이들의 생각도 교실에서 갇히지 않고 다양한 사람과 연결된다. 블렌디드 프로젝트는 이런 아이들의 목소리에 더 다양한 목소리와 새로운 문제를 제시해줄 것이다. 앞으로도 이런 틀로 다양한 주제의 민주시민교육 블렌디드 프로젝트 수업을 해나갈 생각이다.

박오종

온·오프를 떠나 일관된 프로젝트 수업의 목적

2020년, '부엉이 상담소'를 통해 학급의 1년을 관통하는 장기 프로젝트 수업의 가능성을 봤다. 또, 블렌디드 프로젝트의 결과물을 학급에만 머무르게 두지 않고 더 많은 사람과의 소통으로 연결할 방법을 고민하기 시작했다. 2021년에는 '동네 책방과 손잡고, 어슬렁어슬렁'이라는 독립 출판물 펀딩 동아리 프로젝트를 진행 중이다. 프로젝트의 도구와 근본적인 목표는 '부엉이 상담소'와 여전히 같다. 온·오프로 읽고, 쓰고, 소통하는 과정을 통해 아이들이 자신을 진솔하게 표현하고, 세상과 건강하게 관계 맺도록 돕는 것이다. 달라진 것이 있다면 동네 책방, 구립 청소년 센터와 손잡고 학교 밖으로 세계를 확장해가는 새로운 시도 중이라는 것이다. 거창하게 들리지만, 실체는 어슬렁어슬렁 느릿느릿 짧은 걸음을 떼나가는 중이다. 이 모든 과정이 바로 프로젝트의 묘미니까.

　최근 존경하는 분께 앞으로 어떤 교사가 되고 싶으냐는 질문을 받았다. 얼떨결에 "숨은 고수가 되고 싶습니다"라고 대답했다. 솔직하게 고백하면 '고수'보다는 '숨은'에 방점을 찍은 대답이었다. 그래도 서당 개 3년이면 풍월을 읊는다는데 나도 언젠가 고수의 걸음걸이나마 흉내낼 수 있지 않을까.

　이 책의 원고를 쓰며 내가 블렌디드 프로젝트 수업의 노하우를 자신 있게 전수할 만큼 치밀하고 훌륭한 교사였다면 얼마나 좋았을까 자주 생각했다. 누군가는 교실 속에서 무던하게 이뤄왔던 일을 대단한 것처럼 떠벌리는 걸까 여전히 조심스럽기도 하다. 그럼에도 불구하고 '부엉이 상담소' 뒷이야기에 관심을 가져주시고 응원해준 주변 분들께 감사하는 마음으로 용기를 낸다. 언젠가 책을 읽은 분들과 만날 기회가 있다면, 그저 서로 편안히 묻고 답할 수 있기를 바란다.

"여러분의 블렌디드 수업은 안녕하신가요?"

배현명